Rainer Neumann

# Passiert. Notiert. Bedacht. Gelacht.

Kadera-Verlag

# Vorwort zum Nachdruck

Eine Neuauflage! Dabei hatte Rainer Neumann bei der ersten Auflage Bedenken, genug Leser für seine Alltagsbeobachtungen zu finden. Doch Freunde drängelten, und der Kadera-Verlag wollte den Geschichten gern eine Chance geben. Passen sie doch wie gerufen in unsere Zeit, die Aufatmen und Zuversicht benötigt.

Bücher müssen sichtbar sein! Reisekaufmann Neumann mobilisierte für den Start seine Kontakte in der Kulturszene und lud zu Lesungen ein. Journalist Knut Terjung lobte: »Es ist feinsinnig und voller Zuneigung für Menschen.«

Diese Einschätzung hat Substanz: Der Autor spendet sein Honorar an zwei Hamburger Projekte für Obdachlose. »Bei meinen Kontakten vor Ort habe ich erkannt, dass diese Unterstützung sehr wichtig ist. Auch der kleinste Beitrag tut Gutes.«

»Der Erfolg hat viele Väter«, sagt der Autor. Wichtig sei der lokale Buchhandel, der in engerer Möglichkeit wenig bekannte Autoren aus dem Blick verliert. Doch der Geschmack der Leser bleibt vielseitig. Das weiß auch der renommierte Diogenes-Verlag, der eine Neumann-Glosse zur Titelstory einer Autoren-Anthologie machte. Und die Lokalpresse unterstützt das »Kurzgeschichten-Juwel« mit Rezensionen. Die geweckte Nachfrage veranlasste den Verlag, die Neuauflage mit fünf Episoden zu erweitern. *Peter Jäger, Quickborn*

RAINER NEUMANN

# Passiert. Notiert. Bedacht. Gelacht.

Alltagsgeschichten
von nebenan und unterwegs

VERLAG
KaDERa

Rainer Neumann

# Passiert. Notiert. Bedacht. Gelacht.

Alltagsgeschichten von nebenan und unterwegs

Titel-Illustrationen innen und außen von
Rudolf Wernitz, Henstedt-Ulzburg
Autoren-Skizze: Izais Oliveira do Couto, Hamburg
Vignetten im Buch aus der Schrift Wiesbaden-Swing
Buch-Konzeption und Layout: Günther Döscher
Autoren-Kontakt: r.neumann@schnieder-reisen.de

© 2018
Kadera-Verlag, Norderstedt
www.kadera-verlag.de

Erweiterte Neuauflage
© 2021
Kadera-Verlag · Imprint der
Bedey & Thoms Media GmbH
Hermannstal 119k · 22119 Hamburg
www.bedey-media.de

Gedruckt in Deutschland

ISBN 978-3-948218-32-4

# Mein Dank

*Diese Neuauflage 2021 meines Buches*
*widme ich von ganzem Herzen Izais,*
*Peggy Parnass, Carsten Okkens, Karl-Heinz Ramke,*
*Barbara Gitschel-Bellwinkel, Helmuth Ahrens,*
*Anke und Knut Terjung, Beate und Peter Jäger,*
*Birgit Kassovic, Ingrid Weißmann, Günther Döscher,*
*dem Team vom Literaturhotel Wedina*
*sowie allen Ehrenamtlichen*
*im CaFée mit Herz auf St.Pauli*
*und in der Suppengruppe St. Georg.*
*Außerdem Christa und Peter Maertens*
*und Rudi Wernitz in Gedenken,*
*die mich alle besonders unterstützt*
*und inspiriert haben.*

Rainer Neumann

# Inhalt

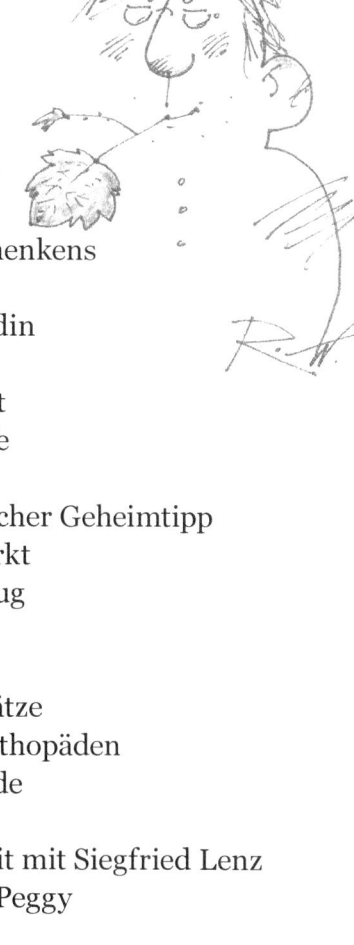

*Mir tut jeder Mensch leid,*
*der nicht genug Phantasie hat,*
*um ein Wort mal so*
*und mal so zu schreiben.*

MARK TWAIN
amerikanischer Schriftsteller
1835-1910

# Mehr als eine Einkaufsstraße

Die Lange Reihe in St. Georg: Seit über fünfunddreißig Jahren wohne ich an der Grenze zum Stadtteil St. Georg. Fußläufig zu meiner Straße, mit der ich so verbunden bin: die Lange Reihe. Sie ist fast so bunt und vielfältig wie ein kleiner Kontinent. Dabei ist sie nur knapp 800 Meter lang.

Solange ich in Hamburg wohne, steht diese Straße unter Verruf. Prostitution, Kleinkriminalität, Drogenhandel, Schmuddelecke. Häufige Schlagzeilen in der Hamburger Presse und ein schlechtes Image gehören zur Tagesordnung. Die Mieten sind einst noch niedrig gewesen. Im breiten Umfeld sozialer Spannungen bahnen sich kulturelle Vielfalt und mannigfaltige Lebensformen an.

Ende der Siebziger sind noch Käse- und Schallplattenladen vorzufinden, Schlachter- und Fischladen, dazu kleine Werkstätten. Es gibt Nachbarschaftshilfe. Ich selbst schleppe Kohlen und Briketts zu einer in der Langen Reihe lebenden Freundin ins dritte Stockwerk.

Das Schauspielhaus und der Hauptbahnhof sind nicht weit entfernt. Schauspieler und Journalisten, Künstler, Lebenskünstler und Studenten beginnen vermehrt, in diesen Stadtteil zu ziehen. Die bunte Welt geht ihren Weg.

Die Lange Reihe ist eine besondere Straße in diesem angesagten, quirligen, schrillen, aber auch problematischen Stadtteil. Sie hat es in alle Hamburg-Reiseführer geschafft. Als Touristentipp. Für mich ist es eine Straße mit dem Grundsatz »Leben und leben lassen«. Aber leider nicht immer und auch nicht überall ist Toleranz angesagt.

Die Probleme des Stadtteils haben sich verlagert, stehen aber nach wie vor im Fokus von Wahrnehmung und Realität. Aus Kohleofenwohnungen sind Eigentumswohnungen entstanden. Heute kommen die Besucher zum Shoppen in die Lange Reihe, zum Ausgehen und zum Gucken. Über drei Dutzend Cafés, Restaurants und Kneipen soll es in und um meine Straße geben. Tatsächlich ist die Lange Reihe ein wunderbarer Kosmopolit: exotisch, schrill und verführerisch.

Die bayerische Küche macht ebenso ihre Aufwartung wie italienische, französische, portugiesische, türkische, asiatische, nahöstliche Kost und so weiter. Europa und die Welt haben ihren Einzug gehalten. Die Bewohner der Langen Reihe mögen diese Vielfalt, meistens. Und viele kennen sich persönlich.

Zornig und engagiert können die St. Georgianer auch werden. Als 2012 die Buchhandlung Dr. Wohlers in der Langen Reihe durch eine drastische Mieterhöhung vor einem Aus stand, gingen die Bürgerinnen und Bürger auf die Straße. Es wurden Demonstrationen organisiert. Medienwirksam wurde auf eine mögliche Schließung dieser kleinen aber feinen Traditionsbuchhandlung hingewiesen. Gottlob: Es gibt sie noch. An anderer Stelle, noch in der Langen Reihe, aber etwas verkleinert.

Meine Zuneigung zur Langen Reihe bleibt trotz sichtbarer Veränderung der Einkaufswelten vorhanden. Sie ist wie ein turbulentes Dorf, meine Straße. Alles sehr konzentriert auf engem Raum. Mit viel Straßenverkehr. Meine Bilder lasse ich bei Blendwerk fachmännisch rahmen. Im Café Gnosa zaubern die Konditoren ein Kuchenbuffet vom Feinsten; im Vasco da Gama wird eine Paella angeboten, die es ansonsten wohl nur unter spanischer Sonne gibt. Im Weinkauf St. Georg erhalte ich nicht nur ausgewählte Flaschenweine und belgische Schokolade, sondern auch Essige und Öle und vieles mehr. Alles, ohne Amazon zu bemühen.

Das Literaturhotel Wedina ist mit seinen fünf kleinen Häusern und einer fundierten Hausbibliothek ein weiteres Juwel im Stadtteil St. Georg. Für Lesesüchtige und die, die es werden wollen, gibt es Literaturveranstaltungen, einen ruhigen Stadtgarten und zu guter Letzt auch ein Bett in diesem bibliophilen Hotel.

Ein Schlüsselnotdienst, eine Schuhreparatur, ein Hutgeschäft, ein Herrenausstatter, Frisörläden, zwei liebgewonnene Budnis und das Feinkostgeschäft Läufer sind am Platze. Dazu Apotheken, und Läden mit kreativer Namensgebung: Hutgeschäft »Chapeau St. Georg«, »Das Haarwerk«, »Kiosk 87«, »Casa di Roma«. Und eine Bank, Ärzte, ein kleines Kaufhaus, ein Wochenmarkt und der katholische Sankt-Marien-Dom in der Nachbarschaft. Auch Schmuck und Kleidung aus dem Himalaya bei Him&Laya und den so wundervollen Blumenladen Hortensia. Hofeingänge mit altem Mauerwerk sind pittoresk.

Liest sich doch alles paradiesisch, oder? Aber: Kleine Handwerksbetriebe sind geschlossen oder verdrängt worden. Zahlungskräftige Mieter sind nachgerückt. Modernisierung und Verdrängung. So wie überall.

Vor vielen Jahren bin ich Gesinnungs-St. Georgianer geworden und halte meinen alten Geschäften die Treue.

Und tatsächlich bin ich auch Mitglied im Bürgerverein St. Georg, seit diesem Jahr, nach über 35 Jahren Reifeprüfung.

# Trinkgeld

Harry habe ich an einer Sitzbank an der Alster kennengelernt. An einem Sonntagnachmittag. Beim neuen Lauftraining und bei meinem Jogging-Versuch. Im Sommer.

Er trippelte unruhig hin und her und sprach Spaziergänger und Läufer zaghaft an. Sie blickten zur anderen Wegseite. Einige huschten schnellen Schrittes vorbei, ohne auf seine freundliche Begrüßung einzugehen.

Er stand, saß und wechselte seine Sitzposition. Seine Füße waren bandagiert. Mehrere Einkaufstüten, eine Wolldecke und ein Ziehwagen waren an der Sitzbank abgestellt.

Sein Winken und seine Ansprache galten an diesem sonnigen Nachmittag auch mir. Ich blieb stehen und der ältere, offensichtlich obdachlose Mensch sagte mir:

»Würde so gerne einen Kaffee trinken. Könntest du mir hier irgendwo einen besorgen?«

Er zog ein Zwei-Euro-Stück aus der Hosentasche und drückte mir die Münze in die Hand. »Reicht das für Kaffee und ein Brötchen?«, fragte er mich und sagte: »Ich bin Harry.«

Die Lange Reihe ist acht Fußminuten entfernt. Ich bot ihm an, dort für ihn Kaffee im Imbiss zu kaufen und zurückzukehren. Nach zwanzig Minuten hatte ich seinen Einkaufswunsch erfüllt. Ich brachte ihm den Becher Kaffee und ein Brötchen zur Alsterbank.

Einen Euro und achtzig Cent hatte ich im Imbiss bezahlt. Ich hielt eine Zwanzig-Cent-Münze in der rechten Hand. »Das Wechselgeld, Harry«, sagte ich und streckte ihm die Münze entgegen. Er wehrte ab und sagte wohlgesinnt und lakonisch: »Trinkgeld. Fürs Besorgen. Muss sein.« Er bestand trotz meines Einwandes vehement darauf.

Ich habe Harry dann noch viermal, immer sonntags, Kaffee und ein Brötchen gekauft. Immer ein Haltepunkt bei meinem Alsterlauf.

Bis er wohl weiterzog. Er saß nicht mehr auf seiner Alsterbank. Jeweils gab er mir grundsätzlich zwei Euro. Und jedes Mal verlangte er von mir, dass ich das Wechselgeld behalte.

# Blankeneser Mitgefühl

Helga ist eine besondere Kollegin: Außerordentlich modebewusst. Sie liebt und trägt Schmuck an jeder freien Körperstelle. Modeschmuck, wie sie selbst sagt. Erstaunt habe ich einmal tatsächlich zwölf Ringe an ihren zehn Fingern gezählt.

Ihre Kleidung ist auffällig, bunt. Sie näht selbst, und das kann zu expressionistischen Ergebnissen führen. Auf jeden Fall ist sie eine vergnügte Mitarbeiterin, unsere Kassiererin im Blankeneser Reisebüro. Ihr fröhliches Lachen im runden Gesicht steckt an.

Sie ist nicht hochgewachsen, liebt ausgefallene Schuhmodelle. Ist ohne Scheu, bei allem in ihrem Leben.

Im Winter geht sie, wegen der Blässe, auch schon mal zur Sonnenbank. Im Urlaub reist sie auf die Kanaren.

Sonne und viel Farbe im Leben sind ihr sehr wichtig.

An einem Wintermorgen kommt sie gegen halb neun Uhr ins Büro. Ihre Stiefeletten fallen sofort ins Auge. Ganz in Weiß, passend zum Pulverschnee, der über Nacht im Elbvorort gefallen ist. Sie trippelt durch das Büro. Neue

Stiefeletten müssen eingelaufen werden, bevor sie gut sitzen.

Jedenfalls schließt unsere Kassiererin pünktlich um neun Uhr die Bürotür auf. Eine ältere Blankeneserin, Stammkundin, wartet bereits auf Einlass.

Wir begrüßen sie, intensiv schaut sie auf die neuen, weißen Stiefeletten von Helga, die bis über die Knie hochgezogen sind.

Ihre Begrüßung überrascht uns alle: »Oh, Frau Krug«, sagt sie fassungslos und voller Mitgefühl, »beide Beine in Gips! – Gute Besserung!«

# Heute ist
# kein Cabrio-Tag

Ehepaar Mürrisch ist das erste Mal in Hamburg. Im April. An einem richtigen Hamburger Regentag. Wir teilen uns zu dritt das frische Blattgrün der alten Kastanie, kurz vor dem Dammtorbahnhof. Unterschlupf muss sein. Der feine Nieselregen geht durch und durch. Keine Schauer, sondern eine typische Regenwand.

Elke Mürrisch hat ihre Mütze tief ins Gesicht gezogen, ihr Ehemann Günter versucht sie zu trösten und suchte nach positiven Aussichten.

»Es wird doch an diesem Wochenende in Hamburg nicht nur regnen?«, fragt er mich besorgt.

»Ach nö«, antworte ich positiv. »In München gibt's ja mehr Niederschlag«, behaupte ich. Beide Hamburg-Besucher tropfen, sind pütschenass, wie man an der Küste sagt. Der meiste Regen fällt eben doch nicht daneben: Kein Schirm dabei? Keinen Schirm dabei! »Morgen soll's ja trocken bleiben«, versuche ich das Ehepaar aufzurichten, »Cabrio-Tag.«

»Cabrio-Tag?«, fragt Günter Mürrisch zurück.

»Klar«, bestätige ich. »Ab fünf Grad über Null werden in Hamburg die Cabriolets aus der Garage geholt.«

Die Regenfront scheint die beiden besonders zu beschäftigen.

»Ich bin an unserem Reisedatum nicht schuld«, sagt er zu seiner Frau. Um den Beweis anzutreten, zieht er aus einem kleinen Rucksack einen DIN-A4-Bogen heraus. Farblich unterlegt steht da: Mittlere Monatssumme Niederschlag 51 mm im April. Sein Zeigefinger bleibt bei 51 mm stehen. Tatsächlich ist nur der Februar in Hamburg regenärmer. So steht es schwarz auf bunt mit einer Grafik auf dem Ausdruck.

»Von Mai bis Dezember sind deutlich höhere Niederschlagsangaben«, fasst er das statistische Ergebnis zusammen. »Auf keine Statistik ist mehr Verlass«, fügt er resignierend hinzu.

Meine Behauptung, ich hätte noch nie Regentabellen als Richtschnur für eine Reiseplanung genommen, interessieren beide nicht.

»Sonnentage in Hamburg sind immer etwas Besonderes«, sage ich, um eine Brücke zu bauen. »Sie werden es morgen bestimmt erleben.«

So ist es wirklich: Der Humor ist trocken, die Hose ist nass. Ich habe ihnen einen schönen Sonnentag gewünscht und dann beide aus den Augen verloren.

Am nächsten Morgen werfe ich einen Blick aus dem Fenster:

### Die Sonne lacht! Welch ein Glück!
Die Statistik ist wieder im Lot.

# Regen bringt Segen – nicht immer

Unsere Geschäftsleitung hatte eine große Anzahl von Regenschirmen zur Auswahl bestellt.

Als Geschenk für langjährige, treue Kunden.

Die Wahl war auf einen großen Schirm gefallen. Unterschlupf für zwei Köpfe, mit einem Werbeschriftzug in maritimem Blau: Wir lassen Sie nicht im Regen stehen. Darunter das Logo unserer Firma. Werbung muss sein.

Die Lieferung der Schirme traf bald ein.

Wir packten ein Exemplar aus, begutachteten es und waren zufrieden. Fünfzig Regenschirme standen nun für Hamburger Schmuddelwetter in unserem Reisebüro für Kunden bereit.

Der erste Kunde, der beschenkt werden konnte, Herr Wollgast, war überrascht und freute sich, als er die Reiseunterlagen abholte, dass er einen dieser schönen Schirme geschenkt bekam. »Da kann man ja den Regen kaum erwarten.«

Und lange musste er wirklich nicht warten. Am nächsten Morgen sah ich Herrn Wollgast ins Büro kommen. Schnellen Schrittes. Unter seinem Arm eine große Tüte. Er begrüßte uns kurz, zog seinen hellen Sommermantel aus der Tüte und sagte: »Kleine Geschenke erhalten nicht immer die Freundschaft.«

Die blaue Farbe des Schriftzuges hatte den Hamburger Regen nicht überstanden, er hatte sich sozusagen aufgelöst und war auf den Mantel getropft.

Der Mantel war jetzt zweifarbig. Dicke blaue Punkte und Kreise zierten die Knopfreihe.

»Über Geschmack lässt sich bekanntlich nicht streiten«, stellte er fest.

Wir übernahmen die Kosten für die Reinigung. Der Kunde war nicht nachtragend.

Das Hamburger Schmuddelwetter allerdings musste fortan ohne den Einsatz unserer Schirme auskommen. Und übrigens: Wer es nicht mag, kann ja verreisen…

# Zwei Silben

Wird nicht oft wider besseren Wissens behauptet, die Hamburger seien einsilbig?

Im Gegenteil: Mein Fischhändler hat seine Silbenanzahl tatsächlich verdoppelt. Um hundert Prozent erhöht.

Jedenfalls an diesem Sonnabend.

Eine Kundin hatte den wortkargen Mittsiebziger in einer Fernsehreportage über den Hamburger Hafen wiedererkannt.

»Ich hab Sie gestern im Fernsehen gesehen. Gleich hinter der Prostituierten.«

Mein Fischhändler dreht sich ganz langsam um und sagt ausgewogen:

*»Ach was.«*

# Alles wegen der Proteine

Auf die Fachverkäuferin in der Barmbeker Fleischerei lasse ich nichts kommen. Sie ist stets guter Laune, grüßt immer freundlich. Ihre kräftigen Hände packen flink die Einkaufsware zusammen.

Ein Fleischerfachgeschäft vom alten Schlage: An den Kacheln hängen der Meisterbrief des Chefs und zwei Urkunden für seine erfolgreiche Teilnahme an Fortbildungsseminaren. Für die grobe Mettwurst gab es eine Auszeichnung, für das »Seminar Mettenden Silber«.

Der Kunde liest über die Herkunft des Fleisches: Landschweine. Artgerechte Aufzucht. Bitte befragen Sie uns zu Zusatzstoffen.

Nur einmal habe ich die Verkäuferin erst irritiert und dann ungehalten erlebt. Eine junge Mutter, die offensichtlich besorgt ist, fragt: »Woher kommt das Fleisch? Und wie werden die Tiere gehalten?«

Die Verkäuferin zeigt auf das Hinweisplakat und sagt: »Alles glückliche Tiere.«

Die Kundin bohrt nach: »Gibt es Futterzusätze?«

Es folgen noch fünf weitere Fragen, ein Dialog entsteht nicht. Die Verkäuferin greift zu einer Mappe, auf der *Produktinformation* steht. Klarsichthüllen mit Fotos und landschaftliche Bebilderungen fallen ihr entgegen. Ich höre ein »... auch das noch am frühen Morgen.« Weitere Kunden warten auf eine Bedienung.

Die fragende Kundin lässt nicht locker: »Es sind wichtige Fragen, heutzutage. Meine Tochter soll nur ein gutes Produkt bekommen.«

Über ihren Kaufwunsch haben wir uns dann alle gewundert.

»125 Gramm Beefhack«, sagt sie zögernd. »So ganz auf Fleisch soll man ja nicht verzichten.«

»Ja, wegen der Proteine«,
entgegnet die Verkäuferin.
»Vielleicht tun's auch 120 Gramm?«

# Verduftet

Es gibt Einkäufe, die mache ich nur unter bestimmten Voraussetzungen. Unfreiwillig. Weihnachtseinkäufe zum Beispiel.

Doch dann bin ich tatsächlich auf dem Weg zu einer Parfümerie. Schon auf der Eingangstreppe schweben mir Düfte entgegen. Kopfschmerzen drohen. Außergewöhnliche Flakons lassen exklusive Düfte vermuten.

Mitten im Laden steht ein junger Verkäufer, modern mit Minipli. Die Kultkrause und die gezupften Augenbrauen fallen auf. Seine eleganten, duftenden und für mich mit Rouge überzeichneten Kolleginnen sind alle im Verkaufsgespräch. »Wir sind gleich für Sie da«, sagt eine aufmerksame Verkäuferin zu mir.

Ich husche in Richtung Kasse, möchte meinen Wunsch so schnell wie möglich erfüllt bekommen und das Geschäft wieder verlassen. Ich werde vom Verkäufer angesprochen. Auf dem Schild an seinem Revers steht: Beauty-Beratung.

»Wunderbar«, sage ich, »das ist passend für mich.« Kleiner Scherz. »Ich möchte einen Gutschein fürs Patenkind«, erkläre ich, dazu die gewünschte Preislage und bezahle. Ein aufwändiges Verpacken und eine Glanztüte sind im Preis inkludiert. Schenken soll Freude machen!

Der Beauty-Berater fragt verkaufsorientiert: »Möchten Sie sich nicht heute selbst mit einem guten Duft beschenken?«

»Nö«, sage ich, »es sei denn, Sie haben Minzöl. Bei zu viel gutem Duft befallen mich Flucht-Instinkte und später Kopfschmerzen.«

Er verneint, und ich habe mich ganz schnell verduftet.

# Großes Paket

Meine gewohnte Postfiliale hat freundliche und hilfsbereite Mitarbeiterinnen. Sie sind durch keine Situation aus der Ruhe zu bringen.

Heute Morgen stehe ich, wie bei jedem Besuch, geduldig in einer Warteschlange, elf Personen vor mir. Drei Schalter sind geöffnet. Die Postkunden sind beladen: Pakete, Rücksendungen und Briefpost werden zum Schalter getragen. Gleich habe ich es geschafft, denke ich. Nur noch ein graumelierter Herr vor mir. Er schiebt der Postbeamtin sein unförmiges Paket hin, öffnet es und fragt: »Wie kann ich es versenden?« Er spricht etwas deutsch mit japanischem Klang.

»Es gibt Mindest- und Höchstmaße«, erklärt sie, »das muss ich mir genauer anschauen.« Sie lächelt hilfsbereit. Alle Wartenden haben Anteil an ihrem Wirken.

Der Inhalt wird begutachtet, eingepackt und wieder ausgepackt; der Versandkarton wird gebogen, verkleinert, gedrückt.

Dann wird die Postbeamtin präzise: »Der Umfang Ihrer Sendung ist entscheidend.«

»Umfang?« Der japanische Postkunde kennt dieses Wort nicht.

»60 mal 30 mal 15«, sagt sie ergänzend. Der Mann schaut sie ratlos an. Sie zeigt mit ruhiger Geste auf ihr Hüftgold und sagt: »Das ist Umfang, auch für Ihr Paket.«

Ich bin mir nicht sicher, ob er diese fröhliche Erläuterung und das Wort Umfang verstanden hat. Auf jeden Fall antwortet er spontan und mit einem Lächeln:

*»Ein großes Paket.«*

# Eine ungewöhnliche Geburtstagskarte

Diesen Baumarkt kannte ich nur vom Vorbeifahren. Ich bin kein Heimwerker. Jetzt aber stand dieses riesige Gebäude auf meinem Besuchsplan. Ich hatte mir eine besondere Geburtstagskarte überlegt. Und nur hier konnte ich mein Kaufanliegen vorbringen, meinte ich.

Ich betrat das Geschäft, ging durch lange Gänge. Blickte nach links, dann nach rechts, ob ich die richtige Fachabteilung entdecken würde.

Alles Profis, dachte ich, denn die Kunden schritten zielsicher zu ihrem Verkaufsgang. Verkäufer waren nicht in Sicht. Ich streifte die Elektroabteilung, vorbei an den Tapeten, zurück zur Sanitärabteilung, dann zu Nägeln und Schrauben.

Kunden schoben volle, übervolle Einkaufswagen an mir vorbei, hatten ihre Einkaufswünsche schon erfüllt. Mir kam ein Blaumann entgegen. Endlich ein Verkäufer! Auf meine Frage, wo ich Kacheln und Fliesen finden könnte, wies er mit seiner Hand nach rechts und erklärte: »Da um die Ecke, erster Gang, links, hinter dem Holz.«

Nun war ich an meinem Ziel, stand vor einer großen Auswahl an Kacheln und Fliesen. Verpackt in großer Anzahl, verschweißt. Mein Verkäufer kam auf mich zu, sah meinen suchenden Blick auf die Auswahl.

»Für die Küche, fürs Bad oder für einen Ofen?«, fragte er mich.

»Ich suche eine Kachel, weiß, auf die ich etwas schreiben möchte, sozusagen eine literarische Kachel.«

Der Verkäufer blickte irritiert auf mich und fasste meinen Kaufwunsch zusammen. »Sie suchen also *eine* Kachel zum Beschriften? So richtig?«

»Ja, ich benötige nur *eine*«, sagte ich und wies auf die verschweißten Paletten. »Für eine Geburtstagskarte.«

Der Verkäufer schob seine rechte Hand ans Kinn und stammelte: »Also e i n e Kachel«, sagte er. »Ich müsste ins Lager gehen und prüfen, ob wir noch irgendwo ein Muster liegen haben.« Ich hörte den Nachsatz: »Nur *eine* Kachel, nur E I N E ...«

Nach ungefähr sechs Minuten Wartezeit sah ich den Verkäufer gestikulierend auf mich zukommen. Er hatte wirklich eine weiße Kachel in der Hand.

»Ich bin fündig geworden«, sagte er, sein Gesicht strahlte. »Ich begleite Sie zur Kasse.«

Ich hatte nur einen kleinen Betrag zu bezahlen. Meine Geburtstagskarte würde perfekt werden.

Zu Hause nahm ich einen Filzstift und schrieb meine Wünsche auf die Kachel, dazu einen Spruch von Ringelnatz:

Ich würde Dir ohne Bedenken eine Kachel aus meinem Ofen schenken.

Happy Birthday

# Gute Besserung

Wasserpfützen faszinieren mich seit Kindheitstagen. Es konnte nicht nass genug sein. Schuhe, Strümpfe, Hosen waren durchtränkt. Ich stapfte durch jede Wasserlache, freute mich, wenn das Regenwasser in meine Schuhe lief. Beobachtete die kleinen Wellenbewegungen in den Pfützen, die mein Hüpfen ausgelöst hatten. Ich erinnere mich, dass meine Mutter mit meiner Vorliebe fürs nasse Element nicht einverstanden war.

Zwei große Pfützen fanden meine Aufmerksamkeit, in der letzten Woche an der Alster. Nach über fünfzig Jahren stieg ich wieder ins Wasser. Hatte in der rechten Hand einen kleinen Ast und schob gedankenverloren Zigarettenkippen aus der Pfütze an den Wegesrand.

Ich hatte nicht bemerkt, dass eine Mutter mit ihrem kleinen Sohn mich beobachteten, sich wahrscheinlich wunderten, was ich mit dieser Pfütze zu tun hatte. Vielleicht bestand aber der Sohn nur darauf, mir zuzusehen. Er kam zu mir herüber, stapfte wortlos in die zweite Pfütze und blieb dann stehen. Guckte, ob es etwas zu entdecken gäbe.

Ich unterbrach mein Wegräumen der Kippen und erklärte ihm: »Ich fotografiere gleich ein Spiegelbild, dafür muss der Boden sauber sein, dann sieht man die Baumgruppe in der Pfütze besser.«

»Aha«, war die Antwort. Der Junge schaute in seine Pfütze und erkannte das Spiegelbild.

Deutlich hörte ich seine Mutter rufen: »Bengt-Uwe, komm da sofort raus, du wirst dich sonst erkälten.« Doch der Sohn stapfte weiter in der Pfütze herum. Er rief seiner Mutter zu: »Der Mann steht doch auch im Wasser.«

Die Mutter rief nun energischer nach dem Sohn: »Bengt-Uwe, du kommst jetzt sofort aus der Pfütze.«

Der Junge sah mich kurz an, zuckte mit den Achseln und ging unwillig zu seiner Mutter. Ich hörte noch sein spontanes Hatschi und vernahm den mütterlichen Hinweis: »Siehst du.«

Ihr nicht gerade verständnisvoller Blick war auf mich gerichtet.

Er störte mich nicht.
Pfützen sind wunderbar.
Und jetzt konnte ich auch ein Foto machen.

# Hast du Töne

Am Sonnabend ist immer Markt am Winter-
huder Goldbekufer. Kurz vor dem Toilet-
tenhäuschen werden die Schritte der Marktbesucher schneller. Ich vermute, es liegt an dem
Stehgeiger, der um Aufmerksamkeit bittet. Er
spielt unaufhörlich schräge Töne, die Geige
quietscht. Die Fußgänger laufen schnell vorbei.
Blicken bewusst zur anderen Seite. Trotzdem:
Der ältere Herr lächelt, seine Goldzähne blitzen
in der Morgensonne.

Am letzten Sonnabend blieb wirklich eine
Mutter mit ihrem Kind stehen. Der kleine Junge
wollte zuhören. Quengelte. Guckte erst in den
leeren Becher für Spenden und hörte sich dann
das Geigenstück an. Nach kurzer Zeit hatte sich
der Junge eine Meinung gebildet.

»Der Mann spielt aber komisch«, sagte er
leise zu seiner Mutter.

Entsetzt zog sie ihren Sohn zu sich und
zischte leise: »So etwas sagt man nicht.«

Sie drückte ihrem Sohn ein paar Münzen in
die Hand, die er lustlos und erkennbar unzu-
frieden mit der musikalischen Leistung in den
Becher warf.

# Heckenschnitt nach Augenmaß

Ja, Augenmaß war wichtig im Garten meiner Eltern. Wenn im Frühjahr die Pflanzzeit anbrach, führte mein Vater engagiert die Anweisungen meiner Mutter aus. Helfende Hände waren immer willkommen.

Stand der Herbst bevor, wurden Abschlussarbeiten besprochen und ausgeführt.

»Die Gartenhecke zum Weg müsste mal wieder geschnitten werden«, sagte meine Mutter an einem Spätsommerabend am Teich. Alle Familienmitglieder überhörten diese Empfehlung.

An einem Sonnabend, meine Eltern waren verreist, entschied ich mich, ihr diesen Wunsch zu erfüllen. Ich fuhr zum Garten, um die elektrische Heckenschere zu holen. So eine fünf Meter lange Hecke zu schneiden wäre doch eine leichte Übung. Dachte ich. Schon am Anfang musste ich erkennen, dass mir das Augenmaß für diese Arbeit fehlte. Lustlos geworden, war ich doch überzeugt: Ich musste die Arbeit zu Ende führen.

Unser Gartennachbar, der meine Arbeit verfolgte, erklärte mir über den Zaun nicht gerade ermunternd:

»Sehr ungewöhnlicher Schnitt. Deine Eltern werden überrascht sein.«

Als ich fertig war, räumte ich auf und fuhr in meine Wohnung zurück.

Am Sonntagabend klingelte mein Telefon. Meine Mutter war außer sich: »Angetrunkene Gartenfrevler haben unserer Hecke zugesetzt.« Sie sei jetzt zwar kurzgeraspelt, aber völlig schief.

Meinen Trost, es würde doch alles nachwachsen, wollte sie nicht gelten lassen.

Auch nicht meine Verallgemeinerung von Ringelnatz' Selbsterkenntnis:

*Wir sind alle*
*etwas schief*
*ins Leben gebaut.*

# Solidarität?

Philipp ist ein Punk. Der siebzehnjährige Schüler lehnt bürgerliche Lebenswelten ab. Es gehört sich für einen Punk, zumindest auf das Unverständnis seiner Eltern zu hoffen. Die heimische Welt wirklich zu irritieren, eventuell auch zu brüskieren. Ja, auf Empörung und Ablehnung zu hoffen. Einfach eine andere Weltsicht an den Tag zu legen.

Philipp ist ein schweigsamer und vielleicht noch suchender und schüchterner Punk. Kleidung, bunter Irokesen-Haarschnitt, erste Tattoos: Alles passt. Er gehört dazu und möchte auch so wahrgenommen werden.

Der Alltag wird widerwillig etwas bürgerlich gestartet. Mit einem Kopfhörer und Punkrock. Seine Eltern sind entsetzt. Warum ist ihr Sohn so anders?

Nur seine Großmutter, die in einer norddeutschen Kleinstadt lebt, zeigt Verständnis für ihren Enkel. »Das geht alles irgendwann vorbei«, erklärt sie ihrer verstörten Schwiegertochter.

Sie wohnen 350 Kilometer voneinander entfernt, ein Familientreffen soll im Sommer stattfinden. Die Eltern von Philipp bereiten die Großmutter am Telefon auf das neue Outfit und die veränderte Lebenswelt des Enkels vor: »Du wirst Dich wundern, du wirst ihn nicht wiedererkennen.«

Die Zugfahrt vom niedersächsischen Heimatort in die norddeutsche Provinz wird gebucht.

Am Tag der Ankunft steht die Großmutter am Bahnsteig. Freut sich auf den Familienbesuch. Sohn und Schwiegertochter schlagen die Hände vors Gesicht, als sie ihre Mutter dort entdecken.

»Mein Gott«, murmeln beide. Nur Philipp geht ohne Kommentar auf seine Großmutter zu. Sie steht da in ihrem neuen Outfit: Zerrissene Jeans, von Sicherheitsnadeln gehalten, bunte Haare, aufgeklebte Tattoos, eine abgeriebene Lederjacke, Ketten und Ringe am ganzen Körper. Philipps Eltern sind sprachlos.

»Du hast gar nichts von deinem neuen Leben erzählt«, sagt die Schwiegertochter. Jetzt ist sie erst recht verstört.

»Der Junge braucht Solidarität«, antwortet die Großmutter und wiederholt: »Alles geht vorüber.« Einen Tag vor der Ankunft ihrer Familie hatte sie sich entschlossen, für die Dauer des Aufenthalts ihrer Familie in die Welt eines Punks einzutauchen.

Philipp sagt kein Wort. Er findet seine Großmutter gar nicht cool, es ist doch allein seine Welt.

# Fundstücke

Die Gute-Nacht-Geschichten meines Großvaters habe ich geliebt. Er war für mich der beste Märchenerzähler und beglückte uns Kinder mit seiner Fantasie. Bei unseren Spaziergängen und Familienausflügen konnte er alle meine Fragen plausibel beantworten.

Er las nicht vor, er erzählte Geschichten.

Einmal fragte ich ihn: »Wie haben die alten Römer ihre Münzen vergraben, die in unserer Zeit gefunden wurden?«

Dafür hatte er sofort eine Antwort parat.

»Die römischen Kinder haben in der Antike etwas von ihrem Taschengeld abgezweigt und einfach vergraben.«

Mich interessierten diese römischen Kinder, und Fundstücke waren für mich immer etwas Besonderes.

Mein Großvater erzählte von Italien, von Rom und von den alten Stätten.

Und in Schleswig-Holstein? Bei uns gab es, soviel ich wusste, keine Münzfunde. Ich beschloss insgeheim, nun auch für meine Nachfahren etwas zu hinterlassen. Sollten doch die Schleswig-Holsteiner später auch etwas Besonderes finden können.

Das Vergraben in unserem Vorgarten war mir nicht sicher genug. Man hätte die Spuren sofort entdeckt. Ich beschloss also – wie damals die römischen Kinder – ein paar Pfennige und Groschen von meinem Taschengeld zu opfern für ein antikes Schleswig-Holstein der Zukunft.

Die Küchenschrankwand, die mit einer Leiste abgeschlossen war, hielt ich für geeignet. Außerdem konnte ich unbemerkt meinen Schatz dort verstecken. Der Schlitz der Schrankwand war für meine kleinen Münzen geeignet. Ich war überzeugt, etwas Großartiges zu hinterlassen.

Kein Familienmitglied hatte etwas über meine archäologischen Ambitionen erfahren. Ich selbst konnte schweigen.

Drei Jahre konnte ich mein Geheimnis hüten. Dann hatten meine Eltern beschlossen, die Küche zu renovieren. Der Küchenschrank wurde ausgebaut und die Handwerker staunten, als ihnen ein Schwung an Pfennigstücken und Groschen entgegenrollte.

»Das war bestimmt der Opa der Familie«, hörte ich sie sagen.

Ich schwieg dazu und würde mir eine Stelle für meine Münzen aussuchen müssen, die erst Jahrhunderte später entdeckt werden würde.

# Schmerzhafte Überraschung

Wir hatten ein stillschweigendes Abkommen – unsere Mutter, meine Schwester und ich; und das kam so: Im Sommer kaufte sie bereits die ersten, im Frühherbst die letzten Weihnachtsgeschenke für uns Kinder. Ihren Mitteilungsdrang konnte sie aber nicht unterdrücken.

Bereits unmittelbar nach ihrem Einkauf wollte sie uns mitteilen, was sie an Geschenken gekauft hatte. Unseren Einwand, Weihnachten sei doch noch längst nicht, ließ sie nicht gelten.

»Ihr könnt es doch wieder vergessen«, sagte sie dann. »Und ihr müsst überrascht sein am Heiligen Abend.« An dieses Übereinkommen hielten wir uns. Unser Geheimnis kam viele Jahre nicht ans Tageslicht.

Nur einmal an einem Heiligabend wurde eine Überraschung vorbereitet. Meine Mutter hatte es geschafft, zu schweigen.

Die Wohnzimmertür war geschlossen. Leises Stimmengewirr der Eltern, ein Rascheln und Tuscheln. Meine Neugierde war nicht zu bremsen. Ich blickte durchs Schlüsselloch. Wollte erkunden, was es mit dieser bisher nicht gekannten Geheimniskrämerei auf sich hatte.

In diesem Moment wollte meine Mutter die Tür öffnen. Die schwere Türklinke traf meine Stirn, hart und kräftig. Mein Schmerzensschrei war nicht zu überhören. Meine Mutter war sprachlos und ebenso erschrocken.

»Man kann euch
aber auch wirklich nicht überraschen«,
sagte sie ärgerlich.

Unser Vater, unsere Großeltern und unsere Tante stimmten dieser Kritik zu, nachdem sie den Grund meiner großen Beule erfahren hatten.

# Alles wiederholt sich

Wir hatten uns zu einem Spaziergang an der Elbe verabredet. An einem Frühlingstag.

Marie und ich hatten uns für Jahre aus den Augen verloren und wollten uns nach langer Zeit endlich wiedersehen.

Sie liebte diesen Strandweg. Das wusste ich noch.

Ihre Begrüßung fiel rustikal aus: »Alte Liebe rostet nicht.« Ihr herzliches Lachen und ihre unverkennbare Ironie.

Ich durfte gegenhalten: »Wahre Schönheit vergeht doch nie.«

Sie knuffte meine rechte Schulter.

Natürlich waren wir älter geworden. Jeder auf seine Weise.

Es war der erste warme Tag in Hamburg. Aufgeregtes Möwengeschrei und leichter Wellengang der Elbe begleiteten unseren Spaziergang.

Von früher wollten wir nicht reden. Und doch sagte Marie mit einem kleinen Anflug von Wehmut: »Weißt du, woran ich erkannt habe, das ich älter geworden bin? Früher haben mich junge Verehrer beim Spaziergang nach meiner Telefonnummer gefragt, heute fragt man mich, wie mein Hund heißt.«

Schallendes Lachen folgte. Sie konnte sich über diese Selbsterkenntnis amüsieren. Sie hatte sich bei Beginn ihres Ruhestandes einen kleinen Hund angeschafft. »Da bleibe ich in Bewegung.«

Eine ihrer Floskeln war früher: »Ich könnte mich totlachen.«

Ob sie den Satz auch beim heutigen Treffen noch sagen würde?

Nach etwa einer Stunde Spaziergang legten wir eine Pause ein. Im Café. Direkt am Elbufer. Selbstbedienung. Wir setzten uns an einen Tisch, gesellten uns zu einem jungen Paar, das wohl gerade eine Romanze begonnen hatte.

Sie flüsterten sich Liebkosungen zu. Marie lächelte.

Die junge Frau schrieb ihre Telefonnummer auf die Serviette. Für ihren Verehrer.

Am Nebentisch bellte ein kleiner Hund
und Marie sagte leise:

*»Ich könnte mich totlachen.«*

# Groteske Liebe

Eine Nachbarin berichtete lakonisch, dass sie bereits zum dritten Mal geheiratet hätte.

»Keine Liebe hält länger als eine Ampelschaltung«, sagte sie mit abgeklärter Miene.

Ihren ersten Ehemann, ihren zweiten und auch ihren dritten hatte sie tatsächlich an einer roten Fußgängerampel kennengelernt. Ihre großen Lieben, jedes Mal, wie sie schilderte. Sie war Fußgängerin.

Ja, der Anfang dieser Beziehungen spielte sich immer unerwartet an einer Verkehrsampel ab. Der erste Blickkontakt immer in den Rotphasen.

»Und das Ende ihrer Ehen?«

Auch das verriet sie.

Es war wieder die Verkehrsampel, vor der sie sich für das Ende der Beziehung entschied.

»Bei Grün musst du gehen«, erklärte sie dann. Getrennte Wege, wenn die Richtung nicht mehr stimmt.

Ihre letzte Liebe verlief bereits über das übliche Zeitmaß hinaus. Vermutlich lag es an der neuen Verkehrssituation.

Die Verkehrsampel, die seit Jahren ihren Dienst versah, war ohne große Ankündigung auf einen neuen Platz versetzt worden.

# Schreibnähe

Der bekannte Fernsehprofessor reiste seit seiner Pensionierung mindestens einmal wöchentlich mit dem Zug von Hamburg nach München. Er nutzte ausschließlich das Konferenzabteil des Intercity für seine Diktierpost, denn das Universitätssekretariat stand ihm nicht mehr zur Verfügung.

Er schrieb seine Manuskripte mit der Hand, diktierte seine Briefe in ein Gerät und übergab es der Sekretärin im Konferenzabteil.

So ging es mehrere Jahre. Am frühen Morgen verließ er gedankenversunken Hamburg, am späten Abend war er wieder zurück an der Elbe. Alle wichtigen Schreibarbeiten waren von der ledigen Zugsekretärin zur Zufriedenheit bearbeitet worden. Nur Briefmarken gab es nicht im Zug.

Viel später war in einer Zeitung zu lesen, dass er der Zugsekretärin einen Antrag in die Schreibmaschine diktiert hatte:

Einen Heiratsantrag.

# Immer
# zu kurz gekommen

Frau Homann hatte zwei wohlgeratene Enkelkinder, sie lebte in einem Elbvorort, im Ruhestand, war nun alleinstehend, ging auf Reisen mit der Volkshochschule. Sie hatte großes Bedürfnis, den Mitmenschen zu offenbaren, dass sie in ihrem über 70-jährigen Leben immer den Kürzeren gezogen hatte, stets darauf bedacht, Zeugen ihrer Schicksalsschläge zu finden: Das Erkerzimmer auf der letzten Provence-Reise, schön, aber zu klein; ihr zugeteilter Busplatz in der letzten Reihe und ihr unbequemer Mittelplatz im Flugzeug – alles eindeutige Zeichen für ihre Überzeugung: Immer zu kurz gekommen.

Alle Nachteile dieser Welt müsste sie aushalten. Kam ein Gepäckstück bei der Rückreise nicht pünktlich an, war es ihr Koffer. Sie bestand darauf, dass ihr das Schicksal im Alltag übel mitspielte.

Zur Vorbereitung der nächsten Reise traf sich die Gruppe an einem Sonnabendnachmittag in einem Café am Elbufer. Alle Teilnehmer waren zum Diavortrag über die bevorstehende Reise gekommen. Es waren ein Rundtisch bestellt worden und nach Absprache zwei Himbeertorten. Ich saß am Kopf der Tischreihe. Wohlwollend bat ich Frau Homann an meine Seite.

»Ist es im Sommer nicht zu heiß in Südfrankreich?«, äußerte sie ihre Bedenken.

Die gesellige Runde wurde begrüßt. Der fröhliche und aufmerksame Kellner und seine Kollegin starteten mit dem Tortenwagen und dem Kaffeeausschank.

Allerdings nicht im Uhrzeigersinn. »Heute sollen die Letzten mal die Ersten sein«, erklärte der Kellner wohlwollend.

Frau Homann erschrak, wurde bleich, blickte mich an. Ich zuckte mit den Schultern und sagte versöhnlich: »Alles wird gut.« Wir waren tatsächlich die Letzten.

24 Tortenstücke und 25 Gäste. Der freundliche Kellner kam am Ende der Runde zu uns und sagte mit norddeutscher Stimmlage: »Ja, das reicht ja man ganz knapp. Das Beste kommt zum Schluss. Für sie beide nur je ein halbes Stück Himbeertorte, aber es bleibt dafür Platz für andere Köstlichkeiten.«

Frau Homann sank zufrieden in den Sessel und fühlte sich bestätigt: »Bitte schön, so ist es schon seit über siebzig Jahren.«

# Geständnis

Die Röntgenpraxis war überfüllt, ungefragt erfuhr ich, dass meine Sitznachbarin Conny hieß, dass ihre Freunde sie jedenfalls so nennen würden. Sie hatte ihre zwei Gehhilfen an meinen Stuhl gelehnt und begann sofort ein Gespräch. Mit mir. Ihre dunkle Stimme war unüberhörbar. Dazu ein schwarz-lila gefärbter Bürstenhaarschnitt, ein markantes, schmales Gesicht mit wachen Augen. Das olivgrüne Kleid reichte bis an ihre Fersen. Gelebtes Leben? Jedenfalls erfuhr ich, wiederum ungefragt, warum sie eine orthopädische Behandlung notwendig hatte: »Komplizierter Bruch nach Liebesrausch«, sagte sie wehmütig. Mich überraschte die Diagnose. Die anderen Patienten auch. Irritation, Schweigen, Schmunzeln, Lächeln, Verwunderung und Bewunderung im Wartezimmer.

»Ich muss mit meinen achtundachtzig Lenzen einfach kürzertreten«, ergänzte sie ihre Diagnose, ein fröhliches Lachen folgte.

Als sie nach ihrem Arzttermin von einem etwa vierzig Jahre jüngeren, hochgewachsenen Mann abgeholt wurde und sie sich stürmisch begrüßten, waren sich alle wartenden Patienten einig: »Diese Diagnose stimmt!«

# Besondere Rücksendung

Jenen Montagmorgen werde ich nicht vergessen. Unser Postfach war mit Büropost überfüllt. Ich las eine Notiz des Schalterbeamten: Bitte am Schalter melden. Ein kleines, rechteckiges Päckchen lag für unser Reisebüro abholbereit, mit dem Aufkleber:

Vorsicht! Zerbrechlich!
Zu Händen der Geschäftsleitung.

Die Chefin bekam täglich kurz vor neun Uhr die Post auf ihren Schreibtisch gelegt. Ich hatte in dieser Woche Postdienst.

Um kurz vor zehn bat sie mich ins Büro, schloss die Tür und sagte: »Ich habe eine heikle Mission für Sie. Sozusagen von Mann zu Mann. Sie müssten bitte ein delikates Telefonat führen.« Ohne weitere Worte überreichte sie mir das geöffnete Päckchen. Absender war eine große deutsche Reederei. Eine Grußkarte lag bei: »Fundstück aus Kabine 125, Herr T...«, war zu lesen.

Ich blickte auf gepflegte dritte Zähne, hygienisch verpackt.

Verzeihung – aber wir brachen beide in schallendes Gelächter aus.

»Es gibt nichts, was es nicht gibt«, kommentierte meine Chefin diese ungewöhnliche Postsendung.

Noch am selben Tag haben wir dieses Päckchen mit dem Vermerk »Empfänger unbekannt« zurück an die Reederei verschickt. Diskret hatte ich zuvor Herrn T. über die Postsendung informiert.

Er bestand darauf, dass es sich nicht um ein Fundstück von seiner Reise handeln würde.

*Die dritten Zähne
kommen mit dem
zweiten Frühling.*

# Die neue CD

Beim Musikgeschmack meines Vaters war ich mir immer sicher. Ich hatte als Kind sämtliche Bandleader der Fünfziger und Sechziger auf den Lippen.

Radiostationen spielten seine Musik, Schallplatten seiner Sangeskünstler waren im Wohnzimmer zuhauf gestapelt.

An einem Besuchsabend an seinem Krankenbett, damals in seinem achten Lebensjahrzehnt, fragte er mich: »Könntest du mir bitte eine CD von dem Sänger besorgen, der bei dir in der Nähe wohnte?«

Ich musste nicht lange überlegen, dachte an Hans Albers, sein Jugendidol, der in der Langen Reihe in Hamburg-St. Georg geboren wurde. An seinem Geburtshaus ist eine Gedenkplakette angebracht.

Mein Vater schüttelte den Kopf. Nein, den blonden Hans würde er nicht meinen.

Nun musste ich doch rätseln. Der Musikwunsch wurde präzisiert: »Es ist der Sänger mit dem Hut.«

Kleine Denkpause.

Trotz seiner schweren Krankheit war Musik bis zum Lebensende ein wichtiger Bestandteil seines Alltags. Mein Vater, ein musikalischer Mensch, der mehrere Instrumente spielen konnte, summte eine Melodie. Ich hörte und erkannte tatsächlich einen Song von Udo Lindenberg.

Ja, dieser Sänger war gemeint, der im Hamburger Atlantic-Hotel residiert. Hutträger. Viele Medikamente hatten die Konzentration meines Vaters beeinflusst. Die Sprache hatte sich sehr reduziert. Aber er sagte mir dann leise ins Ohr und lächelte dabei: »Hinterm Horizont geht's weiter.«

Dieses Lied war gemeint.

Einen Tag vor seinem Lebensende konnte ich die CD kaufen, mein Vater hatte seinen Wunsch erfüllt bekommen und war sehr dankbar für diesen, seinen Song.

# Aufs Leben

Alle Achtung: Igor Petrowitch wurde neunundneunzig Jahre alt. Er lebte in einer kleinen Kommunalwohnung in St. Petersburg und hatte sich nach seiner Pensionierung einen Hund zulegt. Das war vor mehr als dreißig Jahren.

Seine erste Frau hatte ihn schon bald nach der Hochzeit verlassen. Die Nachbarn munkelten: »Der Wodka.«

Seine zweite Ehefrau war immerhin mehr als zehn Jahre mit Igor verheiratet. Aber auch sie verließ ihren Ehemann angeblich wegen seines übermäßigen Alkoholgenusses.

Igor lebte von da an bis zu seiner Pensionierung allein. Ohne Frau und ohne Tier.

Seine einstigen Frauen und sein Arzt hatten ihm ein frühzeitiges Lebensende prophezeit, wenn er seinen Wodka-Konsum nicht reduzieren oder besser noch: aufgeben würde.

»Nur ein halbes Gläschen Lebenswasser weniger würde dein Leben um fünfzig Prozent verlängern«, behauptete sein langjähriger Arzt in Igors fünfundsechzigstem Lebensjahr.

Nach seiner Pensionierung dachte Igor Petrowitch tatsächlich über die Empfehlung seines Arztes nach. Aber wohin mit dem restlichen halben Glas Wodka am Morgen?

Seine Nachbarn hatten dann bald bemerkt, dass Igor nicht mehr betrunken aus dem Hause kam. Er spazierte mit seinem neuen Begleiter, einem Hund, durch die Straßen und erzählte den Hausbewohnern, er würde nunmehr nur noch fünfzig Prozent seines Wodkas trinken und somit sein Leben verlängern. Die Nachbarn berichteten allerdings auch, dass sie seinen Hund in Schlangenlinien hatten laufen sehen.

Igor wurde tatsächlich neunundneunzig Jahre alt.

Über das Alter des Hundes
wussten die Nachbarn
nichts zu berichten.

# Mein Montag bei den Zwiebelfischen

Das kann ich bestätigen: Es gibt die Liebe auf den zweiten Blick. Sie ist beständiger. Das trifft auch auf das Museum der Arbeit in Hamburg-Barmbek zu. Ich habe es einmal vor vielen Jahren besucht, war auch interessiert. Richtig entdeckt habe ich es aber erst vor drei Jahren, weil ich eine Jahreskarte geschenkt bekam, für ein Angebot am Montagabend.

In diesem Museum ist manches anders. Es ist auch montags geöffnet, der wöchentliche Ruhetag ist Dienstag. Auf einem früheren Fabrikgelände beherbergt es einen Fundus der Hamburger Industriegeschichte. Aber es ist nicht alles ausschließlich museal.

Mein Weg führt mich an jenem Abend in die offene Druckwerkstatt. Von 18 bis 21 Uhr dürfen interessierte Besucher die Setzkästen nutzen, unter fachlicher Anleitung. Sie setzen selbst, per Hand. So wie der Buchdruck einst begonnen hat.

Im ersten Stock können die Besucher die Geschichte des Buchdrucks hautnah erleben. Rechts befindet sich die Druckwerkstatt, ganz ursprünglich, links stehen die noch funktionierende Druckmaschinen.

Alle in die Jahre gekommen? Von wegen. Es presst und zischt. Fachmännisch werden diese Maschinen gehegt und gepflegt. Sie sind im Einsatz. Allesamt.

Diese Werkstatt wird liebevoll und engagiert getragen von ehrenamtlichen Schriftsetzern, Buchdruckern und Grafikerinnen. Ohne sie gäbe es diesen fantastischen Einblick in die BuchDruckKunst nicht.

Ein Plakat von Johannes Gutenberg, dem Erfinder des Buchdrucks, schmückt eine Wand.

Meine Herausforderung an diesem Abend: Ein Ringelnatz-Zitat setzen.

Ich bekomme einen ersten Einblick in die Geschichte des Buchdrucks. Lerne Schrifttypen und -größen kennen. Erfahre Wissenswertes über den Handsatz. Ja, so wurde früher gearbeitet: Jedes Wort wurde von Hand gesetzt, ein wirkliches Handwerk.

Seit ungefähr 1450 in den folgenden fünf Jahrhunderten die wichtigste Druckart.

Für die Auswahl von Schrifttyp und -größe bekomme ich fachlichen Rat. Die erfahrenen Schriftsetzer sind Profis. Sie drücken mir einen sogenannten Winkelhaken in die Hand. Eine Schiene, auf der ich Buchstabe für Buchstabe zu einer Zeile aneinanderreihe – mit Abständen zwischen den Wörtern. Spiegelverkehrt.

Ich lerne den Begriff *Zwiebelfisch* kennen. Es ist ein Buchstabe aus einer anderen Schrift, der versehentlich in den Text gesetzt wurde. Geschicklichkeit und Geduld sind an diesem Montag gefragt.

Beim letzten Feinschliff meines ersten Satzes im Handsatz bekomme ich professionelle Unterstützung. Eine Kolumnenschnur wird um meinen Bleihandsatz gebunden. Sie soll das Umfallen des Satzes verhindern. Jetzt schiebe ich meinen fertigen Satz auf ein Schiff. So nennen die Schriftsetzer ein Metalltablett für den Transport des gebundenen Satzes.

Der Anfang ist gemacht. Ein Probedruck soll abgezogen werden. An der alten Handpresse.

Dann lese ich: Ich bin etwas schief ins Leben gebaut. Ringelnatz.

Auch wenn manches nicht perfekt ist: Meine große Entdeckungsfreude hält bis heute an.

Digital war gestern.

# Druckfehler

Der pensionierte, norddeutsche Architekt Hasso Kleinwort hatte seinen Freundes- und früheren Kollegenkreis, Nachbarn und Verwandtschaft zu seinem besonderen Wüstenvortrag eingeladen.

Ins Quickborner Vereinshaus.

Als passionierter Weltenbummler war er zum Wüstenexperten geworden. Er reiste seit mehreren Jahren wiederholt in verschiedene Wüstengebiete. Die Kalahari-Wüste im afrikanischen Namibia bereiste er ebenso wie die chilenische Atacama-Wüste. Auch die Sahara im Norden Afrikas stand auf seinem Reiseprogramm. Er las Fachliteratur, konnte über Geologie, Klima und Vegetation erzählen.

Sein Reisetraum aber war die weiträumige Wüste Gobi in Zentralasien, den er auch verwirklichen konnte. Zu jeder seiner Reisen hatte er Bildmaterial angefertigt und einen Vortrag ausgearbeitet.

Über seine Reise in die Mongolei und in die Wüste Gobi wollte er in seinem Vortrag nun berichten. Alles hatte er gut vorbereitet. So professionell wie möglich. Die kleine Druckerei Winkelmann hatte den Auftrag erhalten, Handzettel für diesen Vortrag zu drucken und zu versenden.

Kurz nachdem Hasso Kleinwort im überfüllten Vereinshaus seinen Vortrag begonnen hatte, räusperten sich die ersten Gäste.

Man vernahm »Gabi, Gabi«-Rufe. Es kam soweit, das die Zuhörer in den ersten Reihen sich diesem Ruf anschlossen.

Der Vortragskünstler war irritiert, wunderte sich über diesen kurzen Zwischenruf. Er blickte ins Publikum. Ein früherer Kollege schob ihm den Handzettel zu, den er jetzt zum ersten Mal zu Gesicht bekam.

Er las schwarz auf weiß:

## »Die wüste Gabi«

Allgemeines, Besonderheit und Zukunft.

# Mein Lieblingsbuch

Ein runder Geburtstag stand bevor. Freunde, Weggefährten, liebe Menschen, werden auch mal fünfzig Jahre alt. Es gibt große Feiern, kleine Feiern und gar keine Feiern. Es gibt überschwängliche Gratulationen, fröhliche Geselligkeiten, rauschende Feste und Fluchtinstinkte.

Jedem das Seine.

Im Briefkasten lag eine Geburtstagseinladung – für mich. In der vorletzten Zeile stand: Bitte keine Geschenke zu 2 mal 25 Jahre.

Und dann las ich im Postskriptum:

**Ich freue mich immer
über ein Lieblingsbuch meiner Gäste.**

Ein Lieblingsbuch?

Es gab Lieblingsbücher, klar. Aber welches Buch sollte es sein? Ich beäugte meine Bücherwand, zog verschiedene Bände aus dem Regal. Bücher können treue Wegbegleiter sein, aber alles hat seine Lesezeit. Vor mir lagen Bücher, die ich gern verschenkt hätte.

Ich war erstaunt über meine Auswahl. Die Qual der Wahl. Was würde zum Jubilar passen? Was würde ihn überraschen? Was verzaubern? Packte ein und aus und wieder ein. Wird es das Richtige sein? Mehrmals änderte ich meine Auswahl.

Am Tag des Geburtstags war es soweit: Alle Gäste hatten ein Buchgeschenk dabei. Dreißig Buchüberraschungen warteten auf das Auspacken. Ein runder Tisch leuchtete mit vielen aufgestapelten Leseaufwartungen. Fein verpackt mit Schleifen, mit Erinnerungsbändchen, auch mal schlicht in Cellophan.

Der Beschenkte blickte mit großer Dankbarkeit und Freude auf diese Buchpyramide.

Er öffnete nacheinander die Präsente, hielt jedes Lieblingsbuch in die Höhe, las Autor und Titel vor und gab einen wohlmeinenden Kommentar ab.

Und dann gab es eine Überraschung für die Gäste. Der Beschenkte bestand darauf, dass sich jeder Gast ein Buch auswählen dürfe.

»Das eigentliche Geschenk seid ihr«, fasste er seine Idee zusammen.

Alle Gäste wurden zum Büchertisch gebeten. Dem Alphabet nach wurden die Vornamen genannt und zur Auswahl aufgefordert. Als ich im letzten Drittel an der Reihe war, lagen nur noch wenige Bücher auf dem Tisch: Reisebeschreibungen, historische Romane, Krimis, auch Lyrik und ein Kochbuch über die asiatische Küche.

Und dann entdeckte ich ein Buch, mein Buch. Ein Bändchen vom Diogenes-Verlag mit dem Titel: »Wie soll man leben? – Anton Cechov liest Marc Aurel.«

Die Selbstbetrachtungen des römischen Kaisers zogen mich in den Lesebann. Seine Gedanken zur Gelassenheit und zur Vergänglichkeit sind auch heute noch aktuell.

So bin ich über diese Auswahl zu meinem Lieblingsbuch gekommen. Es begleitet mich seit vielen Jahren. Ich habe es oft erneut gekauft, um es zu verschenken.

# Ein neuer Verleger

Hamburg hat keine Jahrhunderte alte Café-haus-Tradition wie Wien oder Prag. Dafür haben wir ein Literaturhaus mit Café und Buchhandlung, seit 1989. In einer schönen, über 140 Jahre alten Stadthausvilla, am Alsterufer im Schwanenwik 38. Mäzenatentum wird in Hamburg unauffällig großgeschrieben. Nachdem das Gebäude zwei Jahre leer stand, erwarb es Dr. Gerd Bucerius für die ZEIT-Stiftung Ebelin und überließ es mietfrei dem Literaturhaus e.V.

Buchvorstellungen und Autorengespräche, Lesungen, literarische Geburtstage und mehr stehen in drei Stockwerken ganzjährig auf dem Veranstaltungsprogramm.

Die ersten Schritte führen mich immer in die angeschlossene Buchhandlung Samtleben. Eine wahre Fundgrube für Leselust und literarische Entdeckungstouren.

Um elf Uhr öffnen sich die Türen dieser wundervollen, kleinen Buchhandlung mit Lese-Erker und Ausblick auf die Außenalster. Herr Samtleben ist ein Buchhändler mit profundem Bücherwissen, immer hat er auch einen Lesetipp parat. Von dieser schönen, sichtlich geordneten, kleinen Buchhandlung gibt es einen direkten Zugang zum Literaturhaus-Café. Buch und Café passen immer gut zusammen.

Das Hamburger Wetter gilt allgemein als unberechenbar und damit wechselhaft. Man ist im Norden sturmerprobt. Das ist für die Leselust förderlich. Beim letzten Schauer, es war kaum ein Schirm zu halten, stürmte ich mit Rückenwind in den Eingang der Buchhandlung. Es war ein Vormittag.

»Lesewetter-Geschichten«, dieser Buchtitel fiel mir sofort ins Auge.

Passend präsentiert, denn es goss in Strömen.

Der Diogenes-Verlag hat seine Lesewetter-Geschichten wahrscheinlich für uns Hamburger herausgebracht. Als Trostpflaster. Mein Buchkauf war perfekt. Zwei Schritte um die Ecke, und ich konnte Platz nehmen an meinem Bistro-Tisch.

Meine Lese-Ecke, mit einem großen Angebot an Tageszeitungen, erinnert mich bei jedem Besuch an ein Pariser Bistro. Der Kaffee war bestellt und die Lesewetter-Geschichten sollten mich nun mit dem Hamburger Wetter versöhnen.

Nachdem ich drei Erzählungen gelesen hatte, suchte ich in meinem Rucksack einen Stift für ein paar Notizen. Ein kleiner Junge hatte mich beobachtet. Seine Mutter saß schräg gegenüber und genoss ein Schwätzchen mit der Freundin. Das Kind langweilte sich, hatte Kinderbücher in einem Rollwagen kurz angeschaut, fand den großen Ballsaal, wo Frühstückpublikum saß.

Das war auch nicht so spannend.

Ich weiß nicht, was die Mutter ihrem Sohn zum Literaturhaus erzählt hatte. Jedenfalls kam der Junge an meinen Tisch, guckte mich an und fragte: »Sind Sie ein Dichter?«

Ich musste schmunzeln, suchte dabei in meiner Tasche herum und entgegnete: »Nee, ein Verleger. Ich suche meinen Stift.«

Der Junge war von meiner Antwort enttäuscht. Überlegte nicht lange, wandte sich wortkarg ab und murmelte:

## »Ach so, Verleger.«

Ich bin mir nicht sicher, ob er wirklich wusste, was ein Verleger ist.

Meinen Stift hatte ich inzwischen gefunden, und mein Dasein als Verleger hatte ein Ende.

# Nachtragend

Meine Jugend verlief ohne PC, ohne Smartphone, ohne WhatsApp, ohne facebook, ohne Google, mit wenig Gelegenheit zum Fernsehen. Es gab zwei TV-Kanäle: ARD und ZDF, ohne Nachtprogramm.

In meiner Heimatstadt war die Stadtbücherei eine willkommene Abwechslung. Das Taschengeld reichte nicht aus, um manche Bücher zu kaufen, die ich mir wünschte. Geburtstag und Weihnachten waren ja nur einmal im Jahr. Ich hatte mich immer auch über Handschuhe, Mützen oder Schuhe zu freuen.

Kurzum: Meine Neugierde fürs Buch musste anders gelöst werden. Ich wurde zum Stammausleiher der örtlichen Stadtbücherei. Ein großer Teil vom Taschengeld wurde für diese spannende und entdeckungsreiche Lesewelt investiert.

Wenn ich beim Stöbern in der Stadtbücherei zu viel Zeit verbracht hatte, rief ich zu Hause an, aus einer gelben Zelle, von einem Telefon mit Wählscheibe, zwei Groschen hatte ich immer dabei.

Mein Wunsch, mehr Bücher zu lesen, wuchs.

Nie schaffte ich es, das Buch auszulesen bis die Ausleihzeit abgelaufen war. Das hatte Ermahnungen der Bücherei zur Folge. Frau

Wübbe, die städtische Mitarbeiterin, ansonsten freundlich, war kompromisslos streng. Ich musste Versäumnisgebühren bezahlen. Aus meiner jugendlichen Sicht waren doch genügend Bücher für alle da. Warum die Eile? Warum sollte ich zum Schnellleser werden? Niemanden konnte ich mit meiner langsamen Art zu lesen beeindrucken. Im Gegenteil: Ich blickte auf einen mahnenden Zeigefinger, sobald ich die Stadtbücherei betrat.

Eines Tages bekamen meine Eltern einen Brief: Wir müssen Sie leider wegen wiederholter, verspäteter Rückgaben vom Verleih ausschließen. Die Nachricht habe ich wortkarg akzeptiert und die Stadtbücherei nicht mehr aufgesucht.

Erst nach vielen Jahren besuchte ich wieder einmal meine Heimatstadt. Ich war in der Zwischenzeit in eine andere Stadt gezogen. Über ein Jahrzehnt war seit dem längst vergessenen Brief vergangen.

An einem Nachmittag ging ich in die Stadtbücherei. Frau Wübbe war pensioniert. Junge, fröhliche Mitarbeiterinnen saßen am Ausleihschalter.

Ich legte zwei Bücher zum Ausleihen auf den Tisch, zeigte meinen Personalausweis. Dann kam es zu einer für mich überraschenden Antwort:

»Sie sind leider für das Ausleihen gesperrt«, sagte eine Mitarbeiterin zu mir. Mein unrühmliches Ende.

Ich zuckte mit den Schultern, gab die Bücher wortlos zurück und entschied: Dann wird es heute ein Fernsehabend. Immerhin gab es schon weitere Fernsehkanäle.

# Vom Glück des Schenkens

Wenn ich in fremden Städten zu Besuch bin, frage ich den Taxifahrer, meinen Touristenführer, meine Geschäftskollegen oder einfach im Hotel an der Rezeption: »Kennen Sie hier eine schöne Buchhandlung?«

Ich teile die Menschen in Leser und Nichtleser ein. Zu einer Stadt gehören Buchhandlungen. Zumindest für mich.

Stöbern, entdecken, der Geruch von Papier. Buchhandlungen in Berlin zum Beispiel haben lesefreundliche Namen wie Leselust, Bücherstube, Bücherbogen.

Als ich im März wieder in Berlin bin, frage ich wieder einen Taxifahrer: »Kennen Sie eine schöne Buchhandlung in der Nähe?«

»Einkoofen in Berlin? Weeß ick nich«, ist seine kurze Antwort. Dann kramt er in seinem Handschuhfach. Vor meinem Hotel hält er an und auch seine Suche hat ein Ende. »Hier gibt's überall wat zum Lesen. Dat wimmelt nur so von Büchern«, erklärt er.

Dann werde ich überrascht.

Er hält sein Handschuhfach-Fundstück in der Hand: ein kleines, abgegriffenes, aber noch lesbares Diogenes-Büchlein.

»Das ist für Sie, es trifft den Richtigen.« Die Freude des Schenkens steht ihm ins Gesicht geschrieben.

Ein Fahrgast hat das Buch wohl in seinem Taxi vergessen. Und nun gibt es für diesen Fund ein glückliches Ende.

Wundern Sie sich nicht, wenn Ihnen ein Taxifahrer bei einem Berlin-Besuch ein Büchlein vom Diogenes-Verlag schenkt mit dem Titel

### *Warum lesen?*
### *Warum nicht?*

Ich habe es in einem Taxi liegengelassen. Vielleicht für Sie.

# Spätes Glück

Psychologisch geschultes Verkaufspersonal – das gibt es in meiner Buchhandlung. Seit meinem letzten Besuch bin ich mir sicher: Alle Lebenslagen werden nachempfunden. Für jede Lebenssituation gibt es weiterführende Literatur.

Ich werde von der Buchhändlerin angesprochen: »Kann ich Ihnen behilflich sein?«

»Ja, gern. Ich suche ein Buch für die erste Elternschaft. Sozusagen, wenn das erste Kind kommt.«

Die Verkäuferin ist eine Mittvierzigerin, sie erschrickt, blickt aber versöhnlich auf mich und sagt: »Reife Entscheidungen sind doch etwas Wundervolles.«

Mein »Aber« geht klanglos unter. Sie erzählt von ihrer frühen Heirat, die mit einer Scheidung endete.

»Zu jung ist oftmals auch zu früh«, ist ihr kurzer, ergänzender Kommentar. Sie führt mich zu einem langen Bücherregal. Lebenshilfe, Psychologie und Yoga ist in großen Druckbuchstaben zu lesen.

»Ich hab was Gutes für Sie«, sagt sie fürsorglich und reicht mir ihre Leseempfehlung.

»*Alte Väter – Vom Glück der späten Vaterschaft*« halte ich in den Händen. Ein Buch über alte Väter. Ich muss schmunzeln und sage: »Der Buchtipp ist nicht der richtige für meine junge Nichte und ihren Ehemann.«

Die Buchhändlerin ist nun erleichtert, ich auch.

»Dann habe ich aber noch einen besonderen Tipp«, sagt sie wiederum. Immerhin bewegen wir uns zu einem anderen Regal. Und da ist zu lesen: Für junge Eltern.

# Im Garten von Rodin

»Brotlose Kunst«, hatte mir Michelle im Pariser Treppenhaus in der Rue Meslay am Morgen lachend zugeworfen. Sie war eine fröhliche Studentin, studierte Kunst an der Hochschule und trug ihren Zeichenblock und andere Utensilien in ihrer Umhängetasche.

Wir kannten uns von Begegnungen im Treppenhaus, wechselten ein paar Sätze und eilten dann zu unseren morgendlichen Verpflichtungen. Sie zur Uni im dritten Semester, ich als mehrmonatiger Stipendiat zum Französischunterricht.

Ihre und meine Einzimmerwohnung lagen beide im 2. Stock.

Ich hatte für eine befristete Zeit diese kleine Wohnung in einem alten Pariser Hinterhof von einer Freundin übernommen, die vorläufig nach Nizza gezogen war. Michelle wohnte mit einer Kommilitonin zusammen. Über Kunst hatten wir uns ab und zu ausgetauscht. Ich erfuhr im Laufe der Zeit, dass sie auch modellierte, einen Kurs für Bilderhauerinnen belegte und den Bildhauer Rodin verehrte – ja, liebte und bewunderte. Arbeiten von Michelle hatte ich nie gesehen.

Wir waren uns nach meinem Stipendiat nicht mehr begegnet. Ich hatte Paris bald verlassen und kam danach etwa viermal im Jahr für einen Kurzbesuch in die französische Hauptstadt.

Etwa vier Jahre danach bin ich wieder in Paris. Für ein Wochenende.

Ich kaufe mir nach meiner Ankunft im Gare du Nord eine Morgenzeitung und entdecke auf der Titelseite Michelle. Ich staune, schaue noch mal auf dieses Bild. Ein großes Foto umrahmt die Schlagzeile: Im Garten von Rodin. Sie steht zwischen ihrer Skulptur und der Arbeit von Rodin. Mein spontaner Gedanke: »Was für ein Erfolg. Sie ist angekommen in der Kunstwelt.« Aber dann lese ich weiter: Bildhauerin Michelle Legrand vorübergehend festgenommen.

Sie hat heimlich und ohne Erlaubnis der Museumsleitung eine eigene Skulptur im Garten vom Museum Rodin aufgestellt, verankert mit Sockel. Einfach dazugestellt. Die sechzig Zentimeter hohe Figur, eine Frau in Denkerpose, steht auf einer kleinen Rasenfläche gegenüber der imposanten Rodin-Skulptur: Der Denker. Ihre Bildhauerarbeit soll Rodin ganz nahe sein, steht im Zeitungsbericht.

Dem Sicherheitsdienst ist dieser Neuzugang nicht aufgefallen. Aber nachdem Michelle ihre Kommilitonen zu einem Rodin-Museumsbesuch gebeten hat und im berühmten Skulpturengarten auf ihre Figur stolz hinweist, ja, sie auch berührt und einen eindeutigen Versuch des öffentlichen Mitnehmens demonstriert, wird sie von Museumsmitarbeitern beobachtet, und es wird die Polizei gerufen.

Vier Wochen hat ihre bemerkenswerte bildhauerische Arbeit im Garten von Rodin gestanden. Sie hat keine andere Möglichkeit gesehen, ihre Atelierarbeit einem breiten, kunstinteressierten Publikum vorzustellen. »Meine Kunst steht im öffentlichen Raum als Leihgabe«, ist ihr Argument. Sie erörtert der Museumsleitung und der Pariser Polizei, wie schwer es die Kunstszene hat, öffentlich wahrgenommen zu werden. Ihre Kommilitonen sind auf ihrer Seite. Und außerdem: Es ist ihr inniger Wunsch, Rodin sehr nahe zu sein.

Die Museumsleitung verzichtet auf eine Anzeige.

Der Direktor des Rodin-Museums begutachtet Michelles Skulptur, findet lobende Worte für ihre künstlerische Arbeit und lobt sogar die Pfiffigkeit der Bildhauerin.

Dass seit diesem Vorfall jedes Jahr ein Ausstellungsforum für den Nachwuchs der Kunst des Bildhauens stattfindet, ist Michelle zu verdanken.

# Gewohnheit

Trastevere ist ein pittoresker Stadtteil von Rom. Dort habe ich eine kleine Bar entdeckt. Für mich als Frühaufsteher. Sie öffnet sehr früh am Morgen, für den ersten Espresso. Für das erste Süßgebäck am Tresen.

In der Bar zischt, klopft und klackt es. Die Kehrmaschinen draußen untermalen die Geräusche in der Bar von der Straße her, sie fegen die Spuren eines Nachtvergnügens zusammen. Die Handgriffe für den ersten Espresso sind für die römischen Wirtsleute morgendliche Routine. Der Duft des frischen Gebäcks gehört zum Tagesanfang.

Frühmorgens bin ich in dieser Bar unter Römern. Angestellte, Arbeiter, Hundebesitzer, die ihr kleines Frühstück Tag für Tag auf dem Weg hier einnehmen. Im Stehen, am Tresen, mit kleinem Geschwätz oder mit einem Blick in die Morgenzeitung. Die Schwärme von Touristen kommen später.

Alle kennen sich, man begrüßt sich. »Buongiorno, Mario, Alberto, Rossella.« Das höre ich an jedem Morgen.

Am Wochenanfang fällt mir dort ein neues Morgengesicht auf. Vier Tage lang, immer um sieben Uhr, sehe ich einen älteren Römer, der wortkarg die Bar betritt. Er grüßt kurz, bestellt einen Espresso und blickt nachdenklich und melancholisch auf den Kaffeeautomaten. Ein schweigsamer Genussmensch?

Am Ende der Woche erfahre ich von der Tresenbedienung, dass seine vier Morgenbesuche eine Ausnahme waren. Der Kaffeeautomat des Gastes hatte nach vielen Jahren den Dienst eingestellt. Von heute auf morgen. Das Mahlen der Bohnen, das Klacken und Zischen bei der Zubereitung, ja, diese besonderen Geräusche eines morgendlichen Rituals, sie fehlten ihm. Machten ihn traurig, ja, todunglücklich. Nach vier Tagen war seine Welt morgens wieder in Ordnung.

»Du kannst auf vieles verzichten«, sagt Franca, die Wirtin, »aber kein Italiener verzichtet auf seinen Espresso am Morgen und auf die vertrauten Geräusche bei der Zubereitung.«

# Nur die Liebe zählt

Es war im letzten Sommer, während meines Urlaubs. Ich stehe an einer Supermarktkasse in Padua. Zwischen Wartenden vor und hinter mir, mit ihren großen oder kleinen Wochenendeinkäufen. Die Herbstsonne blinzelt durch die Eingangstür auf den Kassenbereich.

Eine junge Italienerin legt ihren kleinen Einkauf auf den Tresen. Der junge Kassierer schaut auf und erkennt sie.

»Rossella, Rossella«, ruft er, springt auf und umarmt die junge Frau. Gibt ihr Wangenküsse zuhauf. Rossella lässt diese Begrüßung zunächst nur zögernd zu.

Der Kassierer vergisst seine Aufgabe und gestikuliert. Die Kunden werden Zuschauer eines ungewöhnlichen Schauspiels vor der Kasse. Offensichtlich muss eine erlebte Situation, ein Streit, bereinigt werden. Wir Wartenden werden Zeugen einer Versöhnung. Ja, ein beherzter Dialog ist zu hören. Ergreifendes Theater. Ich höre, wie Rossella dem Kassierer immer wieder »Mario« zuruft. Ein Flehen, ein Bedauern und eine große Geste, Mario gibt sich große Mühe. Der Einsatz von Mimik, Gestik, Wohlwollen auf beiden Seiten muss überzeugen. In verschiedenen Tonlagen. Ein paar Minuten dauert diese bühnenreife Szene. Das Publikum guckt erwartungsvoll auf die Szenerie. Dann wird Rossella von Mario noch einmal umarmt. Sie lächeln sich an.

Geschafft!

Die wartenden Kunden rufen laut »Bravo«, klatschen Beifall. Sind mit dem glücklichen Ausgang dieser Versöhnung einverstanden. Ich auch.

Rossella zahlt ihren Einkauf, verlässt glücklich diesen kleinen Supermarkt. Mario strahlt über das ganze Gesicht. Ist jetzt wieder konzentriert bei seiner Aufgabe, als sei nichts vorgefallen, nichts zu klären gewesen.

Ich stehe nun tatsächlich wieder an einer Kasse in einem italienischen Supermarkt in Padua.

# Unscheinbare Hilfe

Der Aufbau eines Messestandes ist immer eine besondere Aufgabe. Kurz vor der Eröffnung der internationalen Tourismusbörse in Berlin waren wir aufgeregt. Die baltischen Staaten sollten dem Publikum und der Öffentlichkeit als zukünftige Reiseländer vorgestellt werden.

Zum ersten Mal gab es einen Baltikum-Messestand deutscher und baltischer Reiseveranstalter. Wir hatten Reisebroschüren gedruckt, Plakate und touristische Informationen bereitgestellt.

Kurz vor Toresöffnung waren die Regale einzuräumen, Kataloge zu stempeln, alles praktikabel zu organisieren und zu verstauen. Wir waren in Eile, denn hoher Besuch hatte sich kurzfristig angekündigt. Das Protokoll der Messe informierte uns, dass die Präsidentin des Berliner Abgeordnetenhauses uns eine Aufwartung machen möchte.

»Die Präsidentin wird pünktlich bei Ihnen am Messestand erscheinen«, sagten die Organisatoren der Messe.

Wir mussten uns beeilen.

Ich hatte einen Enddreißiger in Jeans an unserem Gemeinschaftsstand bemerkt, der sich mit unserer lettischen Kollegin unterhalten hatte. Zurückhaltend stand er da und inspizierte den Aufbau, blätterte interessiert in den Broschüren.

»Wir können jetzt jede Hilfe gebrauchen«, sagte ich, »gleich kommt hoher Besuch.« Ich drückte ihm mehrere Kartons in die Hände und zeigte ihm, wo alles abzustellen war. Anscheinend war der Lette mit dem ihm übertragenen Einsatz einverstanden. Die helfenden Hände erwiesen sich als goldrichtig.

Mit Hektik wurde dann noch gefegt, gesaugt und gespült. Es war keine Zeit geblieben für ein Gespräch oder eine Vorstellung. Bevor ich mich bedanken konnte, war diese spontane Hilfskraft am Stand aus meinem Blickfeld verschwunden.

Die Präsidentin erschien wie angekündigt an unserem Messestand.

Erst am Abend, der erste Messetag war vorüber, habe ich unseren fleißigen Helfer wiedergesehen, auf dem Empfang der Messe Berlin.

Er wurde vom Regierenden Bürgermeister vorgestellt und war der neu ins Amt gewählte lettische Verkehrsminister.

# Blumenfreund

Die Grünpflanzen machten einen traurigen Eindruck. Wie mit heruntergezogenen Mundwinkeln blickten die Blätter missmutig auf jeden Besucher. Im dunklen Konferenzraum mit schwerem Mobiliar kam offensichtlich keine Lebensfreude auf. Schwere Samtvorhänge ließen wenig Tageslicht herein.

Ich war beruflich in St. Petersburg. Im geschichtsträchtigen, barocken Theater. Für zwei Wochen hatte ich meinen Arbeitsplatz in die russische Kulturmetropole verlegt. Zehn Termine standen während meines Aufenthalts im ehrwürdigen Theater auf dem Programm. Wir hatten eine Kulturreise anlässlich einer Operninszenierung zu organisieren.

Meine russische Kollegin, die gutes Deutsch sprach, begleitete mich zu den Terminen im Büro des Theaterdirektors.

»Du wirst russische Gastfreundschaft und Sitten kennenlernen«, erklärte sie vorher.

Wir setzten uns zu fünft um den Konferenztisch. Mir wurde der Platz bei den hängenden, schwermütig wirkenden Grünpflanzen angeboten. Der Tisch war üppig gedeckt, auffallend waren die großen Wodkagläser. Alles am frühen Vormittag.

Der kleine, rundliche Theaterdirektor erhob sein Glas zur ersten Runde. Alle Gläser waren gut gefüllt.

»Du muss jetzt trinken«, flüsterte mir Tatjana, die russische Kollegin, zu. Sie übersetzte den Trinkspruch des Gastgebers, der mit einem Schluck sein Glas mit Wodka leerte. Auf die schönsten Frauen Russlands.

Ich nippte an meinem Glas. Mehr ging nicht. Heimlich goss ich diesen Frühtrunk in den mächtigen Übertopf der Pflanze neben mir. Den Wodka stehenzulassen oder gar abzulehnen, das geht nicht, hatte mir meine Kollegin vor der ersten Begegnung mit auf den Weg gegeben. Das Procedere wiederholte sich bei jedem Besuch. Fünf Mal wurde vom Direktor pro Besuch nachgeschenkt. Dazu wurden russische Spezialitäten angeboten. Ich blieb bei meiner Taktik und entschuldigte mich im Stillen bei der Pflanze neben mir, dass ich sie übermäßig mit Wodka begoss. Anders hätte ich die Situation nicht bewältigen können. Alle am Tisch waren trinkfest, ich nicht.

Ich saß bei allen Verhandlungen an meinem gewohnten Platz. Erzählte gern, dass ich ein Pflanzenfreund sei, zwar nicht mit Blumen spräche, aber bereits viele botanische Gärten besucht hätte.

Der Theaterdirektor schenkte der Pflanzenwelt wenig Aufmerksamkeit, wunderte sich allerdings bei unserem letzten Treffen, dass die große, üppige Pflanze Triebe bekommen hatte.

Ja, auch meiner russischen Kollegin war aufgefallen, dass die Pflanzenblätter sich aufgerichtet hatten.

Außerdem war sie über meine Trinkfestigkeit erstaunt und sagte: »Du bist ja fast ein halber Russe.«

# Shanghai: Botanischer Geheimtipp

Herr Zang, der Reiseleiter, zeigte sich verwundert über meine Idee, den neuen, zur EXPO eröffneten Botanischen Garten in Shanghai zu besuchen.

»Der Park liegt sehr weit draußen. Wir müssten durch das verstopfte Zentrum dreißig Kilometer mit dem Auto fahren«, erklärte er. Letztendlich seien es ja nur staatliche Palmen und lange Wege, die auf mich warten würden, fügte er hinzu.

Meinen Einwand, es gäbe doch besondere Orchideen zu sehen, ließ er unbeachtet. Botanik interessierte ihn offensichtlich nicht.

Er schlug vor, mir das unbekannte, das exotische Shanghai zu zeigen. Wirkliche Geheimtipps. »Etwas Botanik wird dabei sein, in einem anderen, unbekannten kleinen Garten«, erläuterte er das vereinbarte Tagesprogramm. Er hatte mit Kollegen wegen meines botanischen Interesses telefoniert und verkündete, dass wir sehr exotische Pflanzen im Zentrum von Shanghai sehen könnten. Ich würde mich wundern.

Wir fuhren zu einem kleinen städtischen Park, eher eine größere Grünfläche. Ich sah einen überschaubaren, verkümmerten Palmenhain. Wir gingen an einem vernachlässigten Kräutergarten vorbei. Ich konnte meine Enttäuschung nicht verbergen.

»Das Beste kommt zum Schluss«, befand Herr Zang. Und tatsächlich: Wir gingen geradeaus auf zwei große Beete zu, Herr Zang strahlte und verkündete stolz: »Chinas Exotik«.

Ich sah gepflegte Beete mit wohlbekannten Stiefmütterchen, Hornveilchen, Tagetes und große Schalen mit Geranien.

»Das haben Sie doch bei uns sicherlich nicht erwartet. Für uns Chinesen sind dies ganz besondere exotische Pflanzen«, begründete Herr Zang seinen botanischen Geheimtipp.

# Ein exotischer Markt

Shanghai ist anders. Das Leben ist anders, bunt und ungewohnt. Das bestätigte mir ein Besuch des großen Blumenmarktes. Mit Stolz präsentierte mir Herr Zang, der Reiseleiter, die exotische Vielfalt.

Ich sah unzählige Orchideenpflanzen, aber auch Schlangenschnaps, Heuschrecken und kleine Schildkröten. Alles Verkaufsware. Meine europäische Skepsis für das Verkaufsangebot war Herrn Zang aufgefallen. Er bemühte sich, mir diesen Markt exotisch darzustellen. Es war sein Lieblingswort während seiner Stadtführungen für Touristen: »Exotisch.« Er sagte es zigmal am Tag, um auf die Unterschiede in unseren Welten hinzuweisen und um die chinesischen Überraschungen für mich verständlich darzustellen.

Etwas Besonderes stand mir noch bevor. Am Ende des Marktes sah ich eine große Vogelwelt. In Käfigen. Es piepte und sang. Buntes Gefieder. Ein ganzer Straßenzug mit Singvögeln wartete auf einen Käufer.

Herr Zang strahlte und sagte: »Es ist eine Tradition in China, Singvögel im Haus zu haben. Es gibt sogar Wettbewerbe für Vogelgesang.«

Wir blieben stehen. Vor einer großen Voliere. Dreizehn kleine Singvögel hüpften aufgeregt von Stange zu Stange. Ich bat meinen Reiseleiter, diese Vögel für mich zu erwerben.

Er war sichtlich irritiert, ja überrascht. Der chinesische Verkäufer war erfreut und zufrieden über meinen Kauf. Ich zog mein Portemonnaie und bezahlte. Dann bat ich meinen Reiseleiter, die Voliere zu öffnen.

Herr Zang war erstaunt, und der Verkäufer blickte mich wortlos an. Das kurze Gespräch zwischen meinem Reiseleiter und dem Verkäufer konnte ich sprachlich nicht verstehen. Es hatte aber andere Marktbesucher zum Stand eilen lassen. Herr Zang wiederholte für den Verkäufer mein ungewöhnliches Anliegen. Und öffnete dann tatsächlich die Voliere.

Die Singvögel nutzten diesen Moment. Übereifrig hüpften sie, sprangen sie, flogen sie mit Federschlag und Getöse in ihre Freiheit. Wir blickten alle dem kleinen Vogelzug nach. Ich wurde angestarrt und angelächelt.

Herr Zang sagte dazu einen Satz mit seinem Lieblingswort:

## »Das war aber sehr exotisch.«

# Kurz vor dem Abflug

Es gibt Reiseerfahrungen, die man nicht vergisst. So könnte mein entscheidender Satz zu dieser Traumreise lauten. Eine Traumreise im April war es allemal. Curaçao. Eine Karibik-Insel. Zwölf Flugstunden von Europa entfernt. Ein ganzjährig tropisches Klima. Weltbekannte Insel für Taucher.

Als junger Reisebüromitarbeiter wurde ich für sieben Tage auf die Niederländischen Antillen eingeladen, um die Hotels, die Strände und die Infrastruktur für unsere Kunden kennenzulernen. Wir nannten es eine Inspektionsreise für Nachwuchskräfte. Aruba, Bonaire und Curaçao, die sogenannten ABC-Inseln, standen auf dem Reiseprogramm.

Fünfunddreißig junge Kolleginnen und Kollegen, deren Alltagsgeschäft die Vermittlung von Sonnenzielen ist, folgten der besonderen Einladung. Ein großer Reiseveranstalter organisierte mit den örtlichen Tourismusbehörden diese Werbetour.

Auch diese Karibikreise hatte ein Ende und das Procedere des Kofferpackens nahm einen bei mir üblichen Verlauf.

Wie bei allen beruflichen und privaten Reisen hatte ich am Ende der Reise mehr im Koffer zu verstauen als bei der Anreise.

Dabei gab es gar keine großen Einkäufe. Wird Gepäck schwerer nach einer schönen Reise? Jedenfalls saß ich an meinem Abreisetag im Zimmer des feinen Strandhotels auf Curaçao – und bemühte mich, alles in den Koffer zu bekommen. Stapelte, knickte, schob die Kleidung und die verpackten Schuhe lustlos im Koffer hin und her. Irgendwie alles zu voll.

Ich zog drei Wäschetüten aus dem Zimmerschrank. Verstaute meine gesamte Kleidung in diese Tüten und legte sie zunächst auf den Koffer. Einen Schriftzug, Laundry, auf allen Tüten hatte ich zwar gelesen, aber nicht beachtet.

Wir hatten noch vier Stunden Freizeit, bevor uns der Transferbus zum Flughafen Curaçao bringen sollte. Die europäische Winterkleidung hatte ich bereits zurechtgelegt, meine Bade-Utensilien ebenfalls. Es sollte in den tropischen Garten des Hotels gehen. Ein Spaziergang am Strand, noch einmal in die karibische Sonne blinzeln. Der Koffer war so gut wie gepackt, strategisch.

Ich verließ mein Zimmer in Badebekleidung und traf Kollegen in der Hotelanlage. Die Zeit verging, und vierzig Minuten vor Abholung ging ich auf mein Zimmer zurück. Wollte nun endlich meinen Kofferinhalt verstauen. Ich betrat mein

Zimmer und erschrak: Alle drei Wäschesäcke waren nicht mehr an ihrem Platz. Verschwunden. Einfach nicht da. Aber wer sollte sich an europäisch getragener und ungetragener Wäschekultur erfreuen?

Aufgeregt ging ich in Badekleidung an die Rezeption. Schilderte meinen Verlust und ging in Begleitung eines Mitarbeiters in mein Zimmer. Suchende Blicke mit vier Augen. Aber meine sämtliche Kleidung und mein Übergangsmantel waren nicht aufzutreiben. Nur meine Schuhe und mein Reisenecessaire waren übriggeblieben. Der Hotelmitarbeiter zuckte mit den Schultern. Dreißig Minuten vor unserer Abfahrt sagte er beruhigend auf Englisch: »Wir müssen suchen.« Er verließ mein Zimmer in Richtung Rezeption.

Ich ging auf den Balkon und sah bereits den Flughafenbus parken.

Nach zehn Minuten klopfte es an der Tür. Der junge Hotelmitarbeiter strahlte über das ganze Gesicht: »Die drei Säcke mit Ihrer Kleidung sind in der Wäscherei gelandet.«

»Wo?«, fragte ich.

Eine Reinigungskraft, die in meinem Zimmer war, hatte die zugeschnürten und verpackten Wäschesäcke auf meinem Koffer als Aufforderung für einen Waschgang verstanden. Mit karibischer Gelassenheit erfuhr ich, dass immerhin der Inhalt von zwei Wäschesäcken im Trockner sei, aber der dritte Kleidungssack und mein Mantel noch in der Wäscherei seien.

In zwanzig Minuten war die Busabfahrt zum Flughafen geplant. Ich saß irritiert in Badebekleidung auf dem Balkon und sah, wie meine Mitreisenden bereits ihr Gepäck zum Bus begleiteten.

Zehn Minuten vor Abfahrt klopfte es erneut an meiner Tür. Der Hotelmanager brachte nun zwei Kleidungssäcke persönlich vorbei. Es dampfte und durch die hohe Luftfeuchtigkeit beschlug meine Brille. Der unvermeidliche Waschgang und das anschließende Suchen hatte offenbar das halbe Hotel beschäftigt. Ich war erleichtert, konnte mich für den Rückflug ankleiden, beide Wäschesäcke ohne Platzproblem im Koffer verstauen.

Es ging zum Bus. Ich verstaute meinen Koffer. Die Reiseleiterin hatte von meinem Missgeschick nichts mitbekommen. Sie fragte routiniert: »Haben Sie alle Ihre Reisepässe für den Rückflug dabei, nichts vergessen? Haben Sie auch ihren Zimmerschlüssel abgegeben ...?«

In diesem Moment kam Harry von der Wäscherei in den Bus gerannt, hatte meinen dritten Wäschesack auf dem Arm und sagte deutlich:

## »Nicht vergessen!«

# Zu viel Lektüre

Die kleine, letzte Bahnhofsstation auf dem Festland wirkte verlassen. Nur der große Parkplatz war besetzt. Die Insel Sylt war in greifbarer Nähe.

Nach drei Stunden Zugfahrt wollte ich diesen Bahnhof inspizieren und dann in die Bahnhofsgaststätte gehen, den Damm vom Festland aus betrachten.

Die Tages- und Wochenzeitungen hatte ich während der Fahrt ausgelesen und in zwei Tüten verstaut. Ich stieg als Einziger aus dem Zug. Der Bahnsteig war an diesem sonnigen Vormittag leer. Nur die Blumen zwischen den Gleisen blinzelten neugierig auf den einzigen Fahrgast.

Auf dem Bahnsteig gab es auch einen Abfallbehälter für Papier, in den ich meine ausgelesenen Zeitungen steckte. Der Lautsprecher gab zunächst ein krächzendes Geräusch von sich. Dann hörte ich von irgendwo oben eine Stimme:

»Wir wünschen Ihnen einen guten Morgen. Bitte entsorgen Sie Ihr Altpapier nicht auf unserem Bahnsteig.«

Noch immer war kein Mensch auf dem Bahnsteig zu sehen. Ich machte mich schnell aus dem Staub – ohne meine Zeitungen.

# Haltepunkte

Sylt gehört im Winter den Insulanern.

Unser Bus vom Westerländer ZOB wird von einem wortkargen Busfahrer gesteuert.

Es ist Mittwochvormittag, und wir sind die beiden einzigen Touristen im Bus. Auf dem Weg von Westerland nach Keitum. Mit einem Einheimischen sitzen wir zu dritt im 49-Sitzer.

Wir wollen uns die Sankt-Severin-Kirche anschauen, am Watt spazierengehen und das Dorf anschauen. Die Radvermieter haben jetzt keine Saison, überall sehen wir geschlossene Rollläden und den Hinweis: Wir haben Winterpause.

Ich gehe kurz vor der Ankunft zum Busfahrer, der ganz langsam den Kopf hebt, mich anguckt und »Bitte« unter einem gewissen Protest sagt.

»Halten Sie auch in der Nähe der Severin-Kirche?«, frage ich, dem Temperament des Fahrers angemessen.

»Der Bus hält überall«, antwortet er.

Vielleicht hängen die nordfriesischen Wolken einfach zu tief. Oder er braucht eine Erholungspause von den vielen Sommergästen. Ich versuche, meine Frage zu präzisieren: »Werden Sie auch im Ortskern am Wattwanderweg halten?«

»Der Bus hält überall«, antwortet er, ohne den Kopf zu heben.

»Auch in der Nähe der Straße Am Tipken-hoog?«

Ich gebe mich mit dem dritten »Überall« zufrieden. Gehe zu meinem Sitzplatz zurück.

Jetzt sagt der dritte Fahrgast im Bus, ein Ein-heimischer, der Keitum gut kennt:

Hier heißen alle Stationen

*Überall*

– und lächelt.

# Keitumer
# Leseschätze

Es gibt phantastische Nebeltage auf Sylt: Ende Januar, wenn der Himmel die Erde küsst. Die Wassertropfen kriechen unter jeden Winter-Anorak. Die Temperatur liegt etwas über dem Gefrierpunkt. Es ist Winterpause in Keitum. Watt und Horizont haben das gleiche Grau. Für Designer-Bekleidung zum halben Preis besteht keine Nachfrage.

Der Wattwanderweg ist nicht rutschfest, das *Altfriesische Haus* hat Winterpause. Café, Gärten, Fischrestaurant und Weinbar im Dorf sind geschlossen, Strandkörbe verwaist oder wetterfest verschnürt. Man ist auf sich angewiesen. Nur wenige Sylt-Urlauber sind jetzt auf der Insel, die angeblich fünf Jahreszeiten vorzuweisen hat. Dabei können sich Wetterphänomene tatsächlich ereignen: Wintersonne im Süden, Regenschauer im Norden, Nebel in Keitum.

Ich bin heute in Keitum. Stehe vor vielen verschlossenen Türen.

Geöffnet ist die Büchertruhe.

»Es ist eben Winter«, sagt Hildegard Schwarz, die belesene Buchhändlerin der Keitumer

Buchhandlung freundlich. Zwölf Monate im Jahr ist ihr Kleinod für Literaturfreunde eine Fundgrube: seit über siebenunddreißig Jahren professioneller Bücherverkauf. Ihre Lesetipps sind immer vom Feinsten und ungewöhnlich. Es gibt stets etwas zu entdecken.

Die Anekdoten von Hildegard Schwarz sind legendär. Sie ist auch in der Wochenzeitung DIE ZEIT in einem Porträt gewürdigt worden.

Noch im hohen Lebensalter steht diese elegante Dame in ihrem kleinen Geschäft zwischen Bergen von Büchern. Jeder Zentimeter wird genutzt. An einer Wand entdecke ich Siegward Sprotte, den Kampener Künstler aus Potsdam, der zu Lebzeiten die Farben der Insel, die Wellengänge von See und Watt mit feinen und groben Pinselstrichen unverkennbar auf die Leinwand gebracht hat. Vor fünfunddreißig Jahren habe ich diesen Maler kennengelernt, habe sein Atelier in Kampen auf Sylt besuchen können.

Ich stöbere stundenlang in diesem wunderbaren Bücherambiente, das einem Wohnlesezimmer gleicht. Die Manessische Liederhandschrift vor Augen. Links Regale mit Lyrik, unten, auf dem gepflegten Fußboden, Harry Rowohlts Briefe, rechts, etwas erhöht, Alexander von Humboldt.

Ich bin sehr gespannt auf ihren aktuellen Buchtipp. Sie schaut sich ihre Kunden an, hinterfragt unauffällig, höflich, ordnet, sichtet offensichtlich Geschmack, Leseverhalten und Interesse. Das Ergebnis unseres Gesprächs hält die agile Buchhändlerin nun in Händen:

Im Hause der Weisheit,
von Jim Al-Khalili.
Die arabischen Wissenschaften
als Fundament unserer Kultur.

Ein Taschenbuch aus dem S. Fischer Verlag. Truhen können Schätze ans Licht bringen, die Keitumer Büchertruhe tut es allemal – ohne viel Gedöns.

Ihren Lesevorschlag nehme ich unwidersprochen und dankbar an.

*Nebeltage sind ja auch Lesetage,*
*nicht nur auf einer Insel.*

# Ein Hund
# beim Orthopäden

Mein Orthopäde wirkt auf mich stets ange-
spannt; vielleicht sogar überarbeitet, zer-
streut und immer in Fahrt. Die vielen Patienten.

Ich habe trotzdem Vertrauen zu diesem Mitt-
vierziger. »Gute Orthopäden sind schwer zu finden«, sagte mir eine Nachbarin.

Es ist eine Terminpraxis, aber für Notfälle
gibt es eine besondere Zeit: 7.00 Uhr bis 7.30
Uhr, ohne Anmeldung. Drei Stufen in die Praxis müssen die kurzfristig Geplagten allerdings
überwinden. Ein morgendlicher Hexenschuss
muss sich bitte kurz vor Praxisöffnung anbah-
nen. Ein steifer Nacken auch. Dann geht es ohne
Wartezeit direkt ins Besprechungszimmer.

In aller Herrgottsfrühe muss sich also auch
dieser Arzt auf den Weg zu seinen unangemel-
deten Frühpatienten machen.

Als ich mich letzte Woche mit einer Verspan-
nung frühmorgens in die Praxis begab, warteten schon drei Patienten vor der Tür. Man
begrüßte sich mit zwei norddeutschen Silben
und gähnte.

Es war kurz vor sieben, da vernahm ich ein
Schnaufen auf der Treppe. Eher ein asthmati-
sches Geräusch. Ich blickte mich vorsichtig um

und sah den Arzt die Treppen hochspringen. Er zog einen kleinen, rundlichen Hund hinter sich her. Übergewichtig, aus meiner Sicht. Er hechelte und seine Zunge hing heraus. Der Hund schnupperte sofort an allen Beinen der morgendlichen Patienten.

»Ich hoffe, Sie mögen auch Hunde«, sagte der Orthopäde zu mir, denn sein Hund blieb an meinem Fuß hängen, schnupperte und sabberte an meiner Wade. Mein zögerliches »Ja« hatte der Arzt wohl als Zustimmung verstanden.

»Der Hund braucht heute ausnahmsweise ein Zuhause, er mag nicht so gern allein sein«, war seine lapidare Erklärung.

Die Frühangestellten seiner Praxis öffneten die Tür. Wir alle und der Hund gingen, hinkten oder hüpften in die Räume. Bereits nach ein paar Minuten wurde ich aufgerufen und nahm im Besprechungszimmer 2 Platz. Die Tür war angelehnt und der Hund kam erst suchend und dann freudig auf mich zugelaufen. Die Leine hatte er am Hals. Ich vermutete, dass der Arzt seinen Hund aus den Augen verloren hatte. Im Eifer. Am frühen Morgen. Ich beugte mich zum Hund, der mit Schnappatmung an meinem Fuß stehenblieb.

Eine kleine wohlwollende Geste von mir – und schon lag der Hund auf dem Rücken, nur die Pfoten bewegten sich. Frühes Aufwachen und etwas Bewegung hatten diesen kleinen, runden Kerl erschöpft. Er schlief auf meinen Füßen ein und fing mit einem lauten Geräusch an zu schnarchen. Ein Pfeifton durchdrang das Besprechungszimmer. Nach zehn Minuten wollte ich meine Füße bewegen, das gelang aber nicht. Der Hund räkelte sich nur, trotz meines Versuchs, mich zu bewegen und schnarchte weiter.

Überrascht blickte die Sprechstundenhilfe ins Zimmer, meinte, ich hätte diese Schnarchgeräusche verursacht. Der Hund sprang in diesem Moment auf, knurrte und ich erklärte der Mitarbeiterin: »Der Hund hat noch eine Runde geschlafen.«

Es war mucksmäuschenstill im Behandlungsraum und der Hund lag mit großen Augen vor meinen Füßen.

Die Ärztehelferin sagte kurz »So-so«, und rieb sich – irritiert durch die wahrgenommenen Geräusche – das rechte Ohr.

# Wiedersehensfreude

Gerade hatte ich das Fachgeschäft für Herrenbekleidung in Hamburg-St. Georg verlassen und dachte über meinen Einkauf nach. Da spürte ich plötzlich eine Umarmung, unerwartet und kräftig.

»Dass wir uns hier wiedersehen«, hörte ich die Frau erfreut sagen. Ich sah auf. Ich konnte mich nicht an sie entsinnen. Schätzte sie auf etwa vierzig Jahre.

»Wo ist bloß die Zeit geblieben?«, fügte sie hinzu und herzte mich ein weiteres Mal. Ihre kräftigen Oberarme verfingen sich an meinen Ohren.

Ich erfuhr alles über die letzten zwanzig Jahre in einem rasanten Redefluss, wie in einem Zeitraffer: Ihre Kinder waren aus dem Haus; ihr Mann arbeitete immer noch zu viel; der letzte Sommer war verregnet; natürlich haben wir uns alle nicht verändert.

»Immer noch so schweigsam wie früher?«, stellte sie mir ihre erste Frage. Ich nickte und grübelte, warum ich mich an diese imposante Frau nicht erinnern konnte.

»Ach, wie schön, dass wir uns wiedergesehen haben. Nach so langer Zeit«, wiederholte sie.

»Ich bin etwas in Eile«, fuhr sie fort. Sie klopfte mir auf die Schulter, ihr Gesicht strahlte und im Forteilen sagte sie noch: »Das nächste Mal musst du mir unbedingt erzählen, was du in den letzten Jahren so erlebt hast.« Sie winkte mir zu, dann verlor ich sie aus den Augen.

*Bis heute weiß ich nicht,*
*wer diese Frau war.*

# Neues Zuhause

Kopfweiden erinnern mich an meine Kindheit, an Radausflüge, an die Hetlinger Schanze. Vor dem Elbdeich stehen sie. Krumm gebogen, gelebte Natur.

Fünfzig Jahre später lese ich in der Zeitung eine kleine Anzeige: Horst Janssen – Kopfweide sucht neues Zuhause.

Darunter steht eine Telefonnummer mit der Vorwahl von Wyk auf Föhr.

Ich bin neugierig und wähle die Nummer. Ein anscheinend älterer Herr meldet sich mit Grünwald. Ich erkläre den Grund meines Anrufs und erfahre, dass er seine Galerie auf Föhr aufgeben wird und seinen Kunstbestand verkaufen möchte. Er wirkt aufgeschlossen und freundlich.

»Unsere Räumlichkeiten sind begrenzt und Bilder müssen ja auch hängen«, sagt er. Ich erzähle von meiner Kindheitserinnerung in den sechziger Jahren, als wir an die Elbe fuhren. Zuerst mit dem Fahrrad, später im Auto mit den Eltern. Die Weiden mit den gebogenen Ästen, den ausgehöhlten Stämmen, kein Feinwuchs: Diese Bilder haben sich eingeprägt. Ich berichte aus einer viel späteren, beruflichen Zeit in Blankenese, in der ich sogar zu Horst Janssen Kontakt bekam. Die Bilder der Kopfweiden und die Radierungen des großen Zeichners und Grafikers sind mir vertraut. Ich kann meine Begeisterung für seine Werke nicht verhehlen.

»Ich spüre, Sie sind der Richtige«, sagt der Galerist. »Ich würde sie gern kennenlernen und sehen wollen, wer diese Radierung in Zukunft in Ehren halten und wo sie hängen wird.«

Ich bin erstaunt über diesen unüblichen Weg eines Kaufes, freue mich aber über dasselbe Interesse.

»Kommen Sie gern in unser Büro nach Hamburg-Bramfeld«, lade ich ihn ein.

Wir vereinbaren einen Termin und tatsächlich macht sich der Galerist von seiner Insel nach Hamburg auf den Weg. Die Janssen-Radierung ist sorgfältig eingepackt und verschnürt. Er packt sie aus, dann hält er sie in Händen. 1974 ist sie entstanden.

Herr Grünwald strahlt, blickt auf meine Bilderwand und sagt: »Ein schöner Platz, wirklich. Der unübersichtliche Schreibtisch passt zu diesem einzigartigen Künstler.«

Über den Verkaufspreis hatten wir bis dahin gar nicht gesprochen. Soviel darf ich verraten: Er war niedrig. »Es geht mir nicht um ein Geschäft, es geht um ein neues Zuhause«, beteuert der kunstsinnige Wyker Galerist.

# Mein erster Aquavit mit Siegfried Lenz

Vor etwa dreißig Jahren hatte ich Siegfried Lenz und seine Frau Lieselotte kennengelernt. Ich arbeite damals in einem Reisebüro in Hamburg-Othmarschen und sie buchten bei mir eine Reise. Ich war Mitte Zwanzig, hatte natürlich in der Schule Lenz gelesen und ein Gespräch über seine Bücher blieb nicht aus. So begann ein Kontakt, der bis in die neunziger Jahre hielt.

Bei meinem ersten Besuch in seinem Haus in der Preusserstraße gab es zur Begrüßung einen Aquavit. »Wasser des Lebens«, wie Siegfried Lenz schmunzelnd sagte. Für mich war es der erste Aquavit meines Lebens. Das habe ich nie vergessen.

Ehepaar Lenz und ich saßen beisammen und sprachen über Gott und die Welt, ganz bodenständig. Eine wundervolle, gelassene, vom Pfeifenrauch und Zigarettenqualm benebelte Weltdeutung ging für mich von diesem Ehepaar aus.

Für russische Freunde schenkte er mir seine vorhandenen Bücher in russischer Übersetzung. Valentina Somjonova fragte mich in St. Petersburg: »Wie lernt man einen Schriftsteller von dieser Güte in Deutschland kennen?«

»Es liegt nur am Autor«, habe ich gesagt, »er muss ein Menschenfreund sein.«

Es sind immer literarische Sternstunden in der Preusserstraße gewesen.

Um pünktlich zur verabredeten späten Nachmittagszeit da zu sein, hatte mich eine Kollegin von Altona nach Othmarschen im Auto mitgenommen. »Dauert nur kurz«, hatte ich unterstellt und gesagt: »Ich werde ein paar Bücher signieren lassen. Komme gleich wieder zurück.«

Ich hatte vermutet, dass Siegfried Lenz und seine Frau Lieselotte, die ja übrigens wundervoll zeichnete, sicherlich nur wenig Zeit hätten für den geneigten Leser. Es war aber nicht so.

Frau Lenz öffnete die Tür, hatte Kaffee gekocht und Hamburger Gebäck bereitgestellt. Ehrlich gesagt, nach fast 90 Minuten hatte ich meine wartende Kollegin Inge vergessen. Bis es um 19 Uhr an der Tür klingelte.

Frau Lenz fragte: »Erwarten wir noch Besuch?«

Ich hörte die Stimme meiner Kollegin Inge. »Guten Abend, ich wollte nur nachfragen, ob Rainer Neumann noch bei Ihnen ist?«

War er. Frau Lenz hat Inge ebenso ins Wohnzimmer gebeten und so wurde aus einer geplanten Stippvisite ein schöner gemeinsamer Abend.

Es gab auch Post. Auch das hat Siegfried Lenz immer gemacht: Eine persönliche Antwort auf ein Brieflein, auf eine Postkarte, auf einen

Gruß. Und die Post kam körbeweise zu ihm. Eine treue Lesegemeinde schreibt und teilt sich mit.

Niemand konnte für mich charmanter und liebenswürdiger eine Anfrage für eine Lesung nach Uetersen vor vielen Jahren absagen. »Ich werde eingelegt, in Bad Bramstedt – so sagt man es auf Dänisch – und kann im Moment leider keine Zusagen treffen«, schrieb er mir.

*Die Vielzahl der begeisterten*
*Leserinnen und Leser werden*
*Siegfried Lenz,*
*dem großen, bescheidenen und*
*weltoffenen Hamburger Ehrenbürger,*
*treu bleiben und ihm dankbar sein*
*für seine ergreifenden*
*Romane und Geschichten.*

# Auf's Leben, liebe Peggy

Peggy liebt Hamburgs Theaterwelt wie sonst keiner. Es ist eine beidseitige große Liebe und Leidenschaft. Peggy Parnass ist selbst berühmt und engagiert. Selbst Schauspielerin, Autorin und Publizistin – und es ist ein besonderes Vergnügen, sie ins Theater zu begleiten.

Peggy sitzt gern in der ersten Reihe. »Ich bin ja so klein«, sagt sie. Aber es ist auch Respekt vor der Inszenierung und vor dem Ensemble. Eine Art Publikums-Verbeugung vor der hohen Schauspielkunst. Sie genießt den freien Blick auf die Bühne – ist fast ein Teil davon, lebt mit, was auf den Brettern der Welt geschieht. Ja, das ist Peggy Parnass sehr wichtig. Und wenn die Empfindungen bei ihr ankommen, muss etwas damit geschehen – wer sollte sie aufhalten. Im Deutschen Schauspielhaus erlebte ich es.

Auf der Bühne: »Wer hat Angst vor Virginia Woolf?« Ein heftiges Wortgefecht im Ehekrieg zwischen George und Martha. Peggy hielt diese Szene nicht aus. Erregt schrie sie George an: »Du Schwein!«

Dann Sekundenstille. Die Besucher der Reihe blickten auf Peggy. Eine Sitznachbarin flüsterte zustimmend: »Wo sie recht hat, hat sie recht.« Wohlwollende Zustimmung reihum.

Peggy hatte Stellung bezogen. Und so ist es.

# Sitzplatz 13 C

Glück auf dem Abendflug von Venedig nach Brüssel. Platz 13 C am Gang. Ich bin nicht abergläubisch. Stumm steigt ein Kopfhörer-Junkie zum Fensterplatz durch. Ein freier Mittelplatz, gut für die Ellenbogen. Meine Reiselektüre: »Gebrauchsanweisung fürs Lesen«.

Die Stewardessen schließen die Gepäckfächer. In letzter Minute hetzen fünf Passagiere ins Flugzeug. »Geschafft!«, keucht einer neben mir und lässt sich in den Mittelsitz fallen.

Dann erzählt er. Sein Flug hatte Verspätung; die Chinesen kaufen Venedig auf; Deutschland braucht endlich Frühling. »Platz 13 B in der Mitte der Reihe ist das Allerletzte«, empört sich der Vielflieger, fächert sich mit dem Sicherheitsblatt Luft zu und versucht, seine Wohlbeleibtheit der Enge anzupassen.

Schmal in meinen Sitz geklemmt, signalisiere ich mit Buch und Stift: Ich möchte lesen. Er merkt es nicht: Ich erfahre die Flugrouten des letzten Halbjahres, dass sein Ruhestand bevorsteht, dass ihn die Reiserei nicht mehr interessiert. Weder sein Sandwich, noch meine ins Buch gerichteten Augen bringen ihn zum Schweigen. »Was lesen Sie da Schönes?«, fragt er und kommt bei der Landung zum Schluss: »Ja, die Menschheit liest heutzutage zu wenig.«

# Finderglück

Es war fast ein Ritual: Immer am Anfang des Monats ging die pensionierte Hamburger Lehrerin Elke Maas zu ihrem Friseursalon in der Langen Reihe und anschließend zu ihrer Bank am Steindamm. Sie lebte und arbeitete seit über vierzig Jahren im Stadtteil St. Georg und war als beliebte Lehrerin vor fünf Jahren pensioniert worden. Man wusste in der Nachbarschaft, dass sie mit liebenswürdiger Strenge ihrem Beruf nachgegangen war und nicht nur Lesen, Schreiben und Rechnen vermittelte. Sie liebte Kinder, als wären alle ihre eigenen. Ihre Ehe war kinderlos geblieben, und seit einem Jahrzehnt war sie verwitwet. Die Gewohnheit ihrer monatlichen Erledigungen war Alltag. Sie hatte ihre täglichen Besorgungen und Spaziergänge geplant.

Der Filialleiter ihrer Bank hatte sich anfangs gewundert – aber in gewohnter Seriösität nie nachgefragt: Denn seit ihrer Pensionierung bestellte die Lehrerin Monat für Monat je eine Rolle mit Ein-Cent-Münzen.

Es waren nun fünf Jahre vergangen und sechzig Rollen waren über den Banktresen verkauft worden. Der Bankangestellte gratulierte Elke Maas zu ihrem siebzigsten Geburtstag und war im persönlichen Gespräch dann doch neugierig genug zu fragen, für welche Besonderheit sie diese Münzen zurücklegte.

Tatsächlich erfuhr er an diesem Tag von der sonst eher wortkargen Hamburgerin das stille Geheimnis der kupfernen Ein-Cent-Rollen: Sie erzählte kurz und knapp, dass sie sich ein wenig für das Glück oder zumindest für das glückliche Gefühl im Stadtteil verantwortlich fühlen würde. »Wenn sie auch jetzt Cent heißen, so sind sie doch unsere lieben Glückspfennige geblieben. Kennen Sie das noch: Wer den Pfennig nicht ehrt ...?«

Und diese glückbringenden Münzen ließ sie nach und nach unauffällig auf ihren täglichen Spaziergängen fallen. Immer unbeobachtet. Immer einzelne Münzen. Auf Ruhebänken. Am Straßenrand. Im Café. Im Supermarkt. Vor der Sparkasse. Beim Friseur. Am Von-Ossietzky-Platz. Auf dem Fenstersims der Buchhandlung. Vor dem Hotel in der Gurlittstrasse.

Zunächst sei sie überrascht gewesen, dass Jung und Alt sich nach diesem Cent bückten und danach griffen. Ja, sie wollten das Glück in Händen halten! Es würde einst kommen.

Immer wieder hatte sie aus der Entfernung beobachtet, wie Passanten ihre Schritte verlangsamten, stehenblieben und mit fröhlichem Glücksgefühl diesen Cent-Fund entdeckten. Sie hatte alle Finder im Ungewissen gelassen, wer der Glücksbringer war.

Am Hansaplatz hatte sie im Café gesessen und wiederum unauffällig ihre Cent-Münzen so platziert, als seien sie dort zufällig und unbemerkt aus einer Bezahlung herausgeschlüpft und weggerollt. Drei Münzen an drei verschiedenen Plätzen im Café. Sie beobachtete und wartete auf ihr kleines Glückserlebnis.

Ein junger Gast vom Nachbartisch kam überraschend zu ihrem Platz. Hatte eine Cent-Münze in der Hand und sagte lapidar: »Es ist heute die zweite Cent-Münze, die ich auf dem Boden gefunden habe. Eine davon möchte ich Ihnen schenken. Soviel Glück muss doch geteilt werden!«

*Sie konnte ihr Glück kaum fassen.*

# Persönliche Widmung

Nach meiner Lesung in der Buchhandlung stand eine etwa siebzigjährige Zuhörerin vor mir am Büchertisch. Sie begrüßte mich herzlich, wedelte mit dem gekauften Buch und sagte energisch, ich müsste etwas Persönliches ins Buch schreiben. Für sie. Ganz persönlich. Nur deswegen sei sie heute Abend gekommen.

Wir hätten in ganz jungen Jahren bereits schon einmal gemeinsam Tango getanzt. »Ist lange her. Der Wiegeschritt. Ich habe dich sofort wiedererkannt.«

Ich jedoch nicht. Wer war diese fröhliche, forsche und zugängliche Leserin? Das Gesicht kam mir nur etwas bekannt vor – nach wohl vier Jahrzehnten doch kaum möglich. Einerseits wollte ich sie nicht enttäuschen und zum anderen meine Erinnerungslücke mit einem Trick überspielen: »Schreibt man deinen Vornamen mit einfachem oder mit Doppel-n?«

Mir fiel so spontan kein anderer Buchstabe ein, und sie sagte aufgeregt und sogar etwas empört: »Seit wann schreibt man denn Inge mit Doppel-n?«

Jetzt wusste ich: Es war Inge.

Und weiter … ? Der Nachname wurde hierzu nicht gebraucht – die Widmung war doch ganz persönlich.

# Rumtopf am Heiligabend

Meine norddeutsche und schweigsame Großmutter hatte sich zeitlebens nichts aus alkoholischen Getränken gemacht.

Nur bei unserem gemeinsamen Weihnachtsessen in der Familie schlug sie das Angebot für ein halbes Glas Weißwein nicht aus. Mit gespitztem Mund ließ sie den Weingenuss zu.

An diesem Heiligabend überraschte meine Tante die Familie im gemütlichen Teil des Abends. Sie stellte ein großes, verschlossenes Weckglas auf den Nebentisch, zog an einem dicken Gummiband, das zwischen Deckel und Glasbehälter eingebunden war und sagte: »Rumtopf! Selbstgemacht, nach einem alten Rezept.«

Ich sah eingelegte Pflaumen und andere Früchte, Erdbeeren und auch Himbeeren.

»Das ist nichts für Kinder, sondern nur für Erwachsene«, sagte Tante Betty zu meiner Schwester und mir. »Für euch habe ich auch etwas mitgebracht. Gänsewein.« Sie hielt uns eine Flasche Apfelsaft hin. Wir Kinder fanden das ziemlich langweilig.

Der wohlige Geruch des Rumtopfes erfüllte den Raum und weckte die Aufmerksamkeit meiner Großmutter. »Ist da Alkohol drin?«, fragte sie besorgt in die Runde.

»Nur ein bisschen Rum und ganz viele Vitamine in den Früchten«, behauptete Tante Betty.

Alle waren sehr daran interessiert, diese gesunde Überraschung zu probieren. Fast alle. Großmutter winkte dankend ab.

»Kinners, dat smeckt mi nich«, stellte sie eher skeptisch fest, ließ sich dann aber doch zum Probieren überreden. »Na ja, ik nehm mal bloots die Früchten. Vitamin köönt ja nich verkehrt wesen.«

Unsere Großmutter füllte vor allem Pflaumen in ihre Glasschale. Vorsichtig probierte sie diese Früchte, zunehmend genussvoll. Wir alle waren erstaunt über ihre erkennbare Freude an diesen Pflaumen. Überrascht hat sie uns dann mit einem ungewöhnlichen Vorschlag im späteren Verlauf.

Sie stand auf und sagte mit heiterer Stimme: »Jetzt sollten wir einmal wie in Dänemark Weihnachten feiern. Die Dänen tanzen nämlich um den Weihnachtsbaum herum.«

Und das tat sie dann auch. Unsere zurückhaltende Großmutter hatte einen Schwips.

# Wohlbehütet

Es gibt sie noch: Fachgeschäfte alten Schlages. Ein Hutgeschäft in Hamburg-Uhlenhorst. Die Fensterauslagen sind klassisch: Mützen, Hüte, Handschuhe, Schals und so weiter. Man legt offensichtlich Wert auf eine Fachberatung.

Jedenfalls habe ich überlegt, mir zum Beginn des Oktobers ein Mütze zu kaufen. Ich betrete das Ladengeschäft und werde von einem gesetzten Verkäufer mit Hut aufmerksam begrüßt.

Vor einem Regal bleibe ich stehen. Gucke auf eine Schirmmütze und sage: »Ich brauche eine große Mütze. Darf ich probieren?«

Der freundliche Verkäufer wiederholt mit verschmitzt-nachdenklichem Blick: »Eine große Mütze... Welche Funktion soll Ihre Kopfbedeckung denn erfüllen? Was suchen Sie? Möchten Sie einen Hut oder eine Mütze? Fahren Sie in Ihrem Urlaub in die Ferne oder bleiben Sie in Deutschland? Wir haben auch Mützen, die bis zur Stärke 40 vor UV-Strahlen schützen. Unsere Waren haben Gefühle. Glauben Sie mir: Ein Hut hat viel mit Gefühl zu tun! Sie werden es sehen. Ein Hut oder eine Mütze muss zu Ihnen kommen und nicht umgekehrt.«

Ich erfahre also in fünf Verkaufsminuten Wichtiges über das Seelenleben einer Kopfbedeckung. Ich gucke auf meine Schirmmütze und habe die Größe eingeschätzt. Empfinde meine Größenauswahl aber als zu groß und sage: »Besser eine Nummer kleiner.«

Der Verkäufer nickt bestätigend: »Das sind Ihre Gefühle für diese Mütze.«

Meinem Einwand, die Mützen müssten doch zur Kopfform passen, wird nicht zugestimmt. Was zählt ist das Gefühl.

Ich nehme tatsächlich eine kleinere Größe. Passt. Die Gefühle stimmen. Diese Mütze wird gekauft.

Der Verkäufer fragt mich, ob die Mütze eingepackt werden soll. Ich bin hutklar und möchte die Schirmmütze gleich tragen.

»Sehen Sie, das ist unbewusst. Ihre Gefühle geben Ihnen die Zustimmung.«

Das wird es sein. Ich nicke und sage: »Verwirrung der Gefühle.«

Vor der Tür stürmt es und meine neue Kopfbedeckung ist mehr als angebracht.

Sie weht nicht fort,
wir sind gefühlsmäßig vereint.

# Der Autor

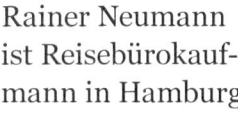

Rainer Neumann
ist Reisebürokauf-
mann in Hamburg.
Von Berufs wegen unter-
wegs, um die Welt zu entdecken, auch Skurriles
und die Unterschiedlichkeit der Menschen.

Seit vierzig Jahren schreibt er Reiseberichte
und sinniert in kleinen Erzählungen über Alltagsbeobachtungen und liebenswerte Mensch-
lichkeiten. Mag sein, dass ihm die literarische
Inspiration in der Rosenstadt Uetersen in die
Nase stieg, dort ist er geboren.

In Hamburg findet er Freunde und auch För-
derer, mit denen er seine Liebe zu Kunst und
Literatur bis heute teilt.

Hin und wieder gibt es Veröffentlichungen
in Tageszeitungen und Zeitschriften, 2016
Beiträge in der Anthologie »gebangt, gewagt,
gehofft, geschafft«, Nordleuchten-Verlag.

## Dankeslob an Rudolf Wernitz

Ein Glücksfall für mich, vor vielen Jahren Rudolf
Wernitz begegnet zu sein. Der studierte Künstler zeichnete einst mit spitzer Feder für den
»STERN« und für das Feuilleton der »WELT«.
Seine heiteren, grotesken, spaßigen Karikaturen
kommen fast ohne Worte aus. Sie sprechen für
sich. Der Zeichner, Radierer, Illustrator, Litho-
graph und letztendlich auch fröhlicher Philosoph
hat sein Handwerk immer verstanden. Seine
Arbeiten sind zeitlos und offenbaren immer auch
den verständnisvollen Menschenfreund. – Rudolf
Wernitz gab diesem Buch das Titel-Gesicht – da
träumt jemand seinen Gedanken nach… Hier ein
weiteres Beispiel aus seinem Künstlerschaffen –
da entdeckt jemand das Besondere jenseits des
Mainstream. »Der Star« nannte er es –
und so nenne ich ihn über seine Zeit hinaus. Im Jahr 2020 ging er von uns.